기독교문서선교회 (Christian Literature Center: 약칭 CLC)는 1941년 영국 콜체스터에서 켄 아담스에 의해 시작되었으며 국제 본부는 미국 필라델피아에 있습니다.
국제 CLC는 59개 나라에서 180개의 본부를 두고, 약 650여 명의 선교사들이 이동 도서차량 40대를 이용하여 문서 보급에 힘쓰고 있으며 이메일 주문을 통해 130여 국으로 책을 공급하고 있습니다. 한국 CLC는 청교도적 복음주의 신학과 신앙 서적을 출판하는 문서선교기관으로서, 한 영혼이라도 구원되길 소망하면서 주님이 오시는 그날까지 최선을 다할 것입니다.

추천사 1

정재영 박사
실천신학대학원대학교 종교사회학 교수

한국 교회는 코로나 사태를 통해서 큰 교훈을 얻었다. 교회당 건물 중심의 신앙은 바르지도 않을 뿐만 아니라 견고하지도 않다는 점이다. 이에 따라 일상생활과 삶의 자리에서 신앙을 실천하는 것이 매우 중요해졌다. 게다가 최근 우리 사회에서 종교에 대한 관심이 크게 줄고 있고 무종교인이 60퍼센트를 넘어서고 있다. 제도 교회 안으로 사람들을 데려오기가 더욱 어려워지고 있는 것이다.

이러한 점에서 반드시 관심을 가져야 할 주제가 바로 일터교회이다. 신앙과 삶이 분리되지 않기 위해 관심을 가져야 할 곳일 뿐만 아니라 비기독교인들을 자연스럽게 만날 수 있는 공간이 바로 일터이기 때문이다.

이 일터교회의 개념에 대해서 그리고 일터교회를 개척하는 방법에 대해서 아주 상세하게 소개하는 책이 바로 이 책이다. 전통적인 교회 개척이 한계에 다다르고 있을 뿐만 아니라 종교 지형이 크게 변하고 있는 오늘날의 상황에서 바른 기독교 신앙을 실천하기 위해 반드시 일독해야 할 책으로 추천한다.

∗∗ 추천사 2 ∗∗

지 성 근 박사
일상생활사역연구소, 미션얼닷케이알 대표

 탈교회, 탈기독교 시대는 '혁신을 창조하고 새로운 가치를 창출하는 사람들(Entrepreneur)'이 요청되는 시기이다.
 일터에 참여하여 그곳에서 신앙공동체를 일으키고 일상생활에서 만나는 사람들과 미션얼, 하나님의 선교 정신으로 '교회의 새로운 표현들'(Fresh Expressions)을 시도할 수 있도록 간략하면서도 중요한 부분들을 놓치지 않는, 신학적이고 역사적이고 실제적인 도전을 주는 책이다. 이 책은 많은 이의 상상력을 자극하여 일상에서 일하시는 하나님의 선교를 발견하고 경축하며 동참할 수 있도록 준비시켜 줄 것이다.

∗∗ 추천사 3 ∗∗

안 민 호 목사
지저스처치, JC Coffee 대표

대부분의 많은 사람이 교회와 일터를 구별한다. 교회는 거룩한 곳이고 일터는 덜 거룩한 곳이라고 생각한다. 그러나 우리의 일들은 단순히 삶을 영위하기 위한 수단이거나 선교적 사명을 지원하기 위한 도구가 아니다. 오히려 일과 일터 자체가 복음을 증거하고 사람을 세우며 공동체를 세우는 가장 중요한 사역이며 사역의 현장임을 인정해야 한다.

일과 일터를 통해 일터교회를 개척하는 일은 교회 안에 있는 소수 믿음의 사람이 아닌 교회 밖 다수의 사람들에게 복음을 증거하는 일이다. 『일터교회 개척』(*Entrepreneurial Church Planting: Engaging Business and Mission for Marketplace Transformation*)에서는 일터교회 개척의 신학적 배경과 실제적인 방법들을 제시함으로 일터교회가 단순히 이중직을 옹호하는 것이 아니라 우리 삶의 현장에서 가장 강력하게 복음을 증거하고 교회를 개척하여 세워가는 일임을 알려 주고 있다.

13년 전 일터와 교회를 개척하고 100개의 일터교회(Jesus Church)와 100개의 일터(Jesus Coffee)를 만들려는 사명으로 사역하면서 많은 질문과 어려움을 경험했다. 그러나 그 누구도 어떻게 일터교회 개척을 준비해야 하는지, 끊임없는 시험과 도전 속에서 어떻게 이겨 내야 하는지, 수많은 질문과 문제들에 대해 명쾌하게 설명해 주지 못했다. 그런데 『일터교회 개척』 속에 그 해답들이 들어 있다.

일터교회 개척

Entrepreneurial Church Planting: *Engaging Business and Mission for Marketplace Transformation*
Edited by W. Jay Moon & Fredrick J. Long
Translated by Dongkyu Choi, Samuel Lee, Sang Rak Joo

This book was first published in the United States
by Glossa House, 110 Callis Circle, Wilmore, KY 40390 United States, USA
with the title *Entrepreneurial Church Planting: Engaging Business and Mission for Marketplace Transformation*
copyright ⓒ 2018 by W. Jay Moon.
Translated by permission.
All rights reserved

Korean Edition Copyright © 2024 by Christian Literature Center, Seoul, Korea.

일터교회 개척

2024년 8월 8일 초판 발행

| 편 저 자 | W. 제이 문, 프레드릭 J. 롱
| 옮 긴 이 | 최동규, 이삼열, 주상락

| 편   집 | 전희정
| 디 자 인 | 박성준, 서민정
| 펴 낸 곳 | (사)기독교문서선교회
| 등   록 | 제16-25호(1980.1.18.)
| 주   소 | 서울특별시 동대문구 천호대로71길 39
| 전   화 | 02-586-8761-3(본사) 031-942-8761(영업부)
| 팩   스 | 02-523-0131(본사) 031-942-8763(영업부)
| 이 메 일 | clckor@gmail.com
| 홈페이지 | www.clcbook.com
| 송금계좌 | 기업은행 073-000308-04-020 (사)기독교문서선교회
| 일련번호 | 2024-86

ISBN 978-89-341-2721-5 (93230)

이 한국어판 저작권은 Glossa House 와 독점 계약한 (사)기독교문서선교회가 소유합니다.
신저작권법에 의하여 한국 내에서 보호를 받는 저작물이므로 무단 전재와 무단 복제를 금합니다.

Entrepreneurial Church Planting
Engaging Business and Mission for Marketplace Transformation

일터교회 개척

W. 제이 문, 프레드릭 J. 롱 편저
최동규, 이삼열, 주상락 옮김

CLC

목차

추천사 1 **정재영 박사** ǀ 실천신학대학원대학교 종교사회학 교수	1
추천사 2 **지성근 박사** ǀ 일상생활사역연구소, 미션얼닷케이알 대표	2
추천사 3 **안민호 목사** ǀ 지저스처치, JC Coffee 대표	3
필자 소개	10
편저자 서문 W. 제이 문, 프레드릭 J. 롱 박사	11
역자 서문 **주상락 박사** ǀ 미국 Bakke Graduate University 선교적 목회학 주임교수	13

제1부 소개   15

제1장 일터교회 개척에 관한 개괄적 소개(W. 제이 문)	16

제2부 성경적 기초   37

제2장 구약성경의 기초: 거룩한 선교공동체를 위한 비전(브라이언 D. 러셀)	38
제3장 예수님의 이전 일과 그 이면에 놓인 비즈니스(프레드릭 J. 롱)	59
제4장 예수님의 창업 정신적 가르침과 그분의 초기 제자들(프레드릭 J. 롱)	75
제5장 사도행전과 바울의 사역에 등장하는 교회의 사업가(기업가)들(프레드릭 J. 롱)	91
제6장 대위임령: 일터 사역을 위한 신학적 기초와 의미(티모시 C. 테넌트)	110

Entrepreneurial Church Planting:
Engaging Business and Mission for Marketplace Transformation

제3부 교회 내에서의 실천	138
제7장 일터교회 개척에 관한 역사적 관점(이삼열)	139
제8장 일터교회 개척자의 특징(W. 제이 문)	161
제9장 혁신적인 '교회의 새로운 표현들'(윈필드 베빈스)	184
제10장 출발점: 일터에서 강력한 선교학(W. 제이 문)	201

필자 소개

- 브라이언 D. 러셀 (Brian D. Russell)
  Asbury Theological Seminary 신약학 교수, 학장 역임

- 윈필드 베빈스 (Winfield Bevins)
  Asbury Theological Seminary 교회개척학 교수 및 디렉터

- 이삼열
  Grace Family Mission의 공동대표
  American Evangelical University(미얀마 양곤 캠퍼스) 겸임교수

- W. 제이 문 (W. Jay Moon)
  Asbury Theological Seminary 전도와 교회개척학 교수

- 프레드릭 J. 롱 (Fredrick J. Long)
  Asbury Theological Seminary 신약학 교수

- 티모시 C. 테넌트 (Timothy C. Tennect)
  Asbury Theological Seminary 총장 및 로잔신학분과 위원장 역임
  Asbury Theological Seminary 세계기독교학 교수

편저자 서문

W. 제이 문
프레드릭 J. 롱

2017년 은퇴한 성공회 주교 그레이엄 크레이(Graham Cray)는 서구에서 탈기독교(post-Christian) 현상이 초래됨으로, "오랫동안 이어져 온 교회의 생활양식이 시간이 지날수록 점점 더 작동하지 않는다"라고 결론지었다.

오늘날 밀레니얼 세대의 48퍼센트가 탈기독교 부류로 간주한다. 이런 맥락에서 티모시 C. 테넌트(Timothy C. Tennent)는 세속화되고 있는 미국 서부 지역을 가장 빠르게 성장하는 선교지 중 하나로 꼽는다.

나는 이 세대를 위한 교회 개척에 대해 낙관적인 생각과 열정을 가진 교회 개척자들을 정기적으로 만나고 있다. 많은 사람이 일터(marketplace)에 참여하는 교회를 개척하기 위해 혁신적인 방식을 시작하거나 실험하려고 노력한다. 그들은 이 넓은 선교지에 복음을 전하기 위해 선교적 관점을 적용하고 있다.

이 책은 교회 개척에 관한 이런 혁신적인 방식을 문서화하고 탐구하려는 목적을 갖는다. 다양한 저자가 기업가들이 어떻게 시장에서 사람들이 이미 모여 있는(또는 자주 모이는) 곳을 찾아 비즈니스를 열고, 그곳에 교회를 위한 공간을 만드는지 설명한다. 우리는 이것을 '일터교회 개척'(Entrepreneurial Church Planting, ECP)이라고 부른다.

좀 더 혁신적인 일터교회 개척 방식을 장려하고 탐구하기 위해 이 책은 이론적 토대와 실제 적용 사례들을 제공할 것이다. 이 책은 모두 삼 부로 나누어져 있다.

제1부는 일터교회 개척을 개괄적으로 소개할 것이다.
제2부는 일터교회 개척을 뒷받침하는 성경적 기초를 제공한다.
제3부는 일터교회 개척이 역사적으로 적용된 사례와 현대적 사례를 제시하고, 실험과 구현을 위해 출발점을 제시하는 것으로 결론을 내릴 것이다.

이 책의 목표는 교회 개척자들이 일터에서 믿음을 가지고 창의적인 교회 개척 방식을 탐구하도록 격려하는 데 있다. 이와 관련하여 애즈베리신학교(Asbury Theological Seminary)는 일정한 후원과 훈련을 통해 혁신적인 교회 개척을 장려하고 있다.

일터교회 개척은 아직 충분히 활성화되지 않은 영역이다. 이 영역은 평소에 '교회'에서 논의되지 않는 장소에서 신앙을 가진 사람들을 세우려는 일터교회 개척자들과 만남을 일으키려는 목적을 갖는다. 나는 이 책이 일터를 포함한 사회의 모든 영역에 복음을 전하기 위한 실험과 토론에 일종의 자극제 역할을 할 수 있기를 바란다.

역자 서문

주 상 락 박사

미국 Bakke Graduate University 선교적 목회학 주임교수

탈교회 시대 한국 교회는 성경적, 선교적 교회론을 깊이 고민할 때다. 선교형 교회(Mission-Shaped Church)인 '교회의 새로운 표현들'(Fresh Expressoins of Church, 이상 FXC)은 문화, 미디어, 교육, 공동체, 일상, 그리고 일터 등으로 보내져서 하나님 나라를 미리 맛봄을 실천한다.

특히, '일터교회 개척'(Entrepreneurial Church Planting, 이상 ECP)은 선교형 교회 중 일터, 일상(The market place)에서 '선교적 창립가 정신'에 초점을 맞추며, '교회에 나올 가능성이 없는 사람들'(unchurched people)과 '가나안 교인들'(dechurched people)을 위해 사역하고 있다.

역자는 2014-15년 이 책의 공동 저자인 애즈베리신학교 '전도와 교회 개척학' 교수인 W. 제이 문(W. Jay Moon) 박사 그리고 또 다른 공동 저자인 이삼열 박사와 함께 FXC 모델을 연구하기 위해 미국 테네시, 캔터키, 앨라바마 주 등과 영국에 방문해서 많은 선교적 스토리들을 수집, 연구, 그리고 분석하였고 이 책은 그 연구를 일부 담고 있다.

또한, '일터교회 개척'의 성서적, 역사적, 선교적 관점뿐만 아니라 실천적 연구를 담았다는 데 큰 의미가 있겠다.

아버지께서 나를 보낸 것 같이 나도 너희를 보내노라(요 20:21).

주님이 말씀하신 것처럼 제2공간(일터)은 선교적 공간이며, 선교적 교회 모델을 실천할 수 있는 좋은 장소이다. 이 책은 일터에서 전도, 교회 개척, 그리고 선교적 교회를 실천할 수 있는 좋은 신학적, 실천적 근거를 제시하는 데 공헌한다고 믿는다.

제1부

소개

제1장 일터교회 개척에 관한 개괄적 소개

제1장

일터교회 개척에 관한 개괄적 소개[1]
(W. 제이 문)

1. 서론

애즈베리신학교의 총장인 티모시 C. 테넌트(Timothy C. Tennent)는 2016년 신대원으로 입학하는 신입생들에게 "세계에서 가장 빠르게 성장하고 있는 선교 현장인 북미에 온 것을 환영합니다"라고 말했다.[2] 이 선언은 21세기로 접어든 이후 교회가 더는 '여느 때와 다름없이' 태연하게 지낼 수 없게 되었음을 의미한다.

이전 세대에 교회는 종종 문화의 중심에서(사회의 종교 지도자로) 자비로운 조직으로 여겨졌지만, 이제 서구 교회는 더 넓은 문화에서 주변부로 밀려나고 있으며, 다음 세대의 교회 출석률 감소를 겪으며, 공적 발언권을 잃고 있음을 알고 있다.

그러나 창의적으로 이런 선교 현장에 뛰어든 일터교회 개척자들은 일터에 참여하여 그곳에서 신앙공동체들을 일으키고 있다. 이 선교적 기업가들(entrepreneurs)은 불신자들 가운데서 그리스도를 따르는 공동체를 형성하기

---

1 이 장은 W. 제이 문의 기고문 "Entrepreneurial Church Planting," *Great Commission Research Journal* 9.1 (2017): 56-70을 근거하여 쓰였다.
2 Timothy C. Tennent, "Homiletical Theology" (입학 개회사, 예를 들어, 대학원, 2016년 9월), http://timothytennent.com/2016/09/13/my-2016-opening-convocation-address-homiletical-theology/.

위해 비즈니스에 의해 만들어지는 네트워킹 및 가치 창출을 활용한다.

이 장에서는 일터교회 개척이 필요한 이유를 설명하고, 교회 개척자들이 시장에 존재하는 새로운 세대의 참여를 끌어낼 수 있는 안내 질문들을 제공하고자 한다.

2. 탈기독교 시대의 현실

북미 교회를 객관적으로 관찰한 사람이라면 교회가 사회에서 전반적인 영향력을 잃고 있다는 데 동의할 것이다. 문제는 "얼마나 많은 영향력이 손실되고 있으며, 이런 일이 어떤 속도로 발생하고 있는가"일 것이다.

데이비드 키내먼(David Kinnaman)은 종교적 소속이 없다고 보고된 사람들을 연구한다. '교회에 나가지 않는 사람들'(the unchurched), '교회 경험이 전혀 없는 사람들'(the never churched), 그리고 '회의론자들'로 범주를 세분화했고 미국에 사는 사람의 38퍼센트가 실제로 '탈기독교'(post-Christian) 세대에 속하며, 그들의 '신앙과 실천이 본질적으로 세속적'이라고 예측한다.[3]

더욱 놀라운 경향은 아래의 〈그림 1〉에서 볼 수 있듯이 "젊은 세대일수록 탈기독교 세대의 특성을 띤다"는 것이다.

---

3 Cathy Lynn Grossman, "Secularism Grows as More U.S. Christians Turn 'churchless(더 많은 미국 기독교인이 '무교회'로 전환되면서 세속주의가 성장하다)," *Religion News Service* 2014, http://religionnews.com/2014/10/24/secularism-is-on-the-rise-as-more-us-christians-turn-churchless/.

〈그림 1〉 4개 세대의 탈기독교 세대 비율[4]

• 새천년 세대(1984년부터 2002년 사이에 출생) : 48%
• X 세대(1965년부터 1983년 사이에 출생) : 40%
• 베이비붐 세대(1946년부터 1964년 사이에 출생) : 35%
• 연장자 세대(1945년 또는 그 이전에 출생) : 28%

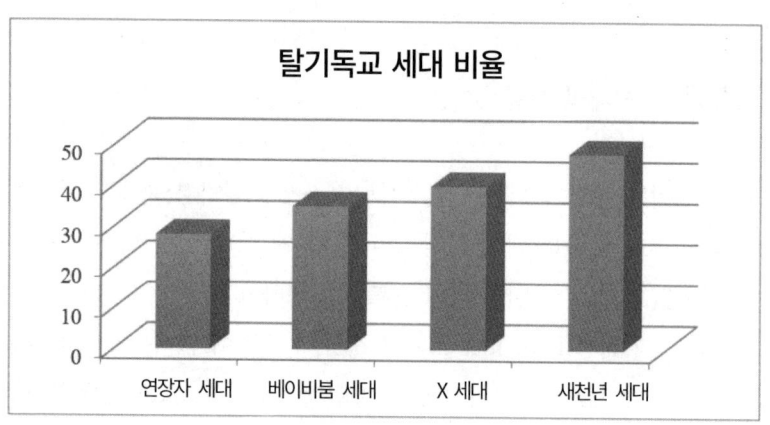

이런 경향은 교회 출석률이 저조한 수준으로 떨어진 서유럽 국가들의 어려움을 고려할 때 더욱 놀라운 것이다.

북미 교회는 과연 영국에서 관찰된 세속화에 따른 교회 쇠퇴 현상을 따라갈 운명인가?

3. 안내 질문

과거에 교회들은 종종 더 나은 설교, 더 나은 시설, 그리고 더 많은 프로그램을 제공함으로써 교회 출석 감소에 대응했다. 과거에는 이것이 훌륭하고 필요한 개입이었지만, 일터교회 개척자들은 더 중요하고 더 근본적

---

4 Ibid.

인 질문과 씨름한다.

첫째, 밀레니얼 세대(millennials)와 같은 인구 집단 중 상당히 많은 사람이 설교, 건축 또는 프로그램이 아무리 우수하더라도 기존 교회에 오지 않는다면, 그들에게 복음을 전하기 위해 어떤 혁신적인 방법이 사용될 수 있을까?

다시 말해서, 교회는 탈기독교 시대의 사람들이 우리의 전통적 교회 건물에 들어갈 것이라고 상정할 수 없다. 결과적으로 우리는 교회 건물 밖에서 살아가는 외부자들을 위해 창의적 공간을 고려해야 한다. 과거에는 마치 분재 나무가 성장에 한계가 있는 것처럼, 생활과 일의 일상적 패턴에서 사람들과 연결하는 데 매우 제한될 수밖에 없는 공간에 교회를 개척했다.

심은 지 50년 이상 된 분재 나무는 종종 두꺼운 줄기와 잎이 가득하고 마디가 있는 가지들을 가지고 있다. 일반적으로 가족들은 50년 된 나무 그늘에서 소풍을 즐긴다. 그런데 분재 나무의 독특한 점은 나무의 키가 무릎 높이 이상 자라지 않는다는 것이다. 높이가 2피트가 조금 넘는 분재 나무는 매우 작은 크기를 제외하고는 평범한 나무처럼 보인다.[5]

일반적으로 5층 건물 이상으로 자라는 이 나무의 성장을 제한하는 원인은 무엇인가?

대중의 의견과는 달리 분재 나무는 유전자 변형 종자를 사용하여 성장을 억제하지 않는다. 오히려 작은 용기(容器)가 원인이다. 작은 용기는 뿌리를 억눌러 나무의 성장을 정상 크기의 일부로 제한한다.

그렇다면 교회 개척자들이 이렇게 제한된 용기에 교회를 개척할 가능성이 있는가?

---

5   분재 나무의 아름다움의 다채로운 표현하기 더 알기 원한다면 다음 사이트를 보라. http://www.bonsaiempire.com/blog/bonsai-movie

어쩌면 우리는 교회를 개척하는 위치를 제한함으로써 교회의 성장을 제한하고 있을 수 있다. 교회는 종종 생활과 일의 일상적 패턴에서 떨어진 별도의 건물에 개척된다. 특히, 산업 혁명 이후 가정, 일터, 예배를 위한 별도의 공간이 지정되었다. 누군가 교회에서 예배를 드리려면 의도적으로 일터와 가정 활동을 떠나 일주일에 한두 번 별도의 건물로 들어가야 했다.

이 제한된 장소가 의도하지 않게 교회로 오기 원하는 사람들의 접근을 방해하지 않을까?[6]

이것은 일터교회 개척자들이 묻는 두 번째 질문으로 이어진다.

둘째, 이 불신자들이 일상에서 모이는 곳은 어디이며, 어떤 유형의 벤처 사업이 그들을 끌어들이고 있는가?

일터교회 개척자들은 교회 밖에 있는 사람들을 참여시키기 위한 수단으로 일터에 교회를 세워 제한된 용기에서 벗어나려고 한다.

예를 들어, 밀레니얼 세대에 커피숍, 카페, 피자 가게, 쇼핑몰, 그리고 영화관 등과 같은 일반적인 모임 장소를 떠나도록 요청하는 대신 바로 이 장소에 교회를 개척하는 것은 어떠한가?

이런 비즈니스가 존재하지 않는다면 교회 개척의 장소로도 사용되는 비즈니스를 시작하는 것은 어떨까?

사업가들은 가치 제안을 통해 네트워크를 개발할 수 있는 비즈니스 능력에 관해 말한다. 교회 개척자들은 이런 비즈니스 내에 교회를 세우기 위해 이 능력을 활용한다(역사적, 현대적 사례에 관해 설명한 장들을 참조하라).

처음 두 질문을 고려할 때 이어지는 세 번째 질문은 다음과 같다.

셋째, 사업가들은 그리스도께서 비즈니스 벤처를 귀하게 여기신다는 인식을 통해 어떻게 일터에서 그리스도를 따르는 공동체를 형성할 수 있을까?

---

[6] 유사한 주장이 다음에서 이루어진다. Ken Hemphill and Kenneth Priest, *Bonsai Theory of Church Growth*, Revised and Expanded ed. (Tigerville, SC: Auxano, 2011).

4. 일터교회 개척의 정의

위의 안내 질문을 출격 명령으로 인식하는 '일터교회 개척'(Entrepreneurial Church Planting: ECP)은 다음과 같이 정의된다. 일터교회 개척은 시장에서의 비즈니스를 통해 불신자들 가운데 그리스도의 제자공동체를 형성하려는 창업적(entrepreneurial) 접근 방식이다. ECP는 시장에서의 사업 수단을 통해 공적 사회에 참여해야 할 필요성에 관해 말한다.

그런 일터교회 개척자들은 새로운 비즈니스를 시작하거나 기존 비즈니스 내에서 일하면서 그 비즈니스 장소에 교회를 개척한다. 많은 전통적인 교회 개척자들이 기업가 정신과 교회 개척을 결합하기를 꺼려 하지만, 일터교회 개척자들은 여러 사람이 협력함으로써 얻을 수 있는 시너지 효과를 구현하기 위해 이 두 가지를 결합하고자 한다.[7]

일터(marketplace)는 사람들이 서로 가치를 교환하는 관계 네트워크를 설명하는 광범위한 용어로 사용된다. 비즈니스들은 종종 공급망과 유통망의 결과로 형성되는 관계 네트워크를 가지고 있다. 이런 네트워크를 단순히 세속적인 장소로 간주하는 대신 일터교회 개척자들은 이런 관계를 교회 개척을 할 비옥한 토양으로 간주한다.

이것은 결코 쉬운 일이 아니지만, 하나님의 선교(missio Dei) 관점에서 보면 매우 선교적이며 중요하다. 따라서 일터교회 개척의 필요성은 인류를 구속하시는 하나님의 선교에 직접적으로 뿌리를 두고 있다. 이 책은 현대적인 여러 사례를 설명하고 있지만, 일터교회 개척의 필요성과 실행은 성경적 토양에 확고하게 뿌리를 두고 있다.

---

7   필자는 여전히 교회 개척에 대한 전통적 접근 방식의 가치와 필요성을 인정한다. 이것은 다양한 그룹의 사람들에게 도달하기 위해 "둘 중 하나" 대신 "둘 모두"로 사용된다.

5. 일터교회 개척(ECP)의 성경적 토양

현대 북미 문화에서 전통교회는 지금까지 시장에 침투하는 것이 어렵다고 생각했다. 이에 관해 마이클 모이나(Michael Moynagh)는 다음과 같이 말한다.

> 교회가 일, 자원봉사, 여가 영역으로부터 어느 정도 떨어진 채 형성이 될 때 그런 영역에서 기독교적 삶을 구현하기는 쉽지 않다. 이런 상황에서 교회의 일반적 가르침은 각 개인의 구체적 삶과 상관이 없는 수준에서 진행되는 경우가 대부분이다.[8]

그러나 일터라고 하는 이런 관계 네트워크 사람들이 깨어 있는 시간 대부분을 보내는 곳 속에 교회 개척의 성경적 사례들이 있다. ECP에 대한 성경적, 신학적 근거는 2-6장에서 더 자세히 논의되지만, 여기에서는 바울의 일터교회 개척에 관해 간략하게 소개하고자 한다.

탁월한 교회 개척자인 사도 바울은 브리스길라, 아굴라와 함께 그리스의 정치 및 경제 중심지이면서 "로마와 번영하는 로마의 아시아 지방 사이에서 이루어지는 모든 해양 무역의 경유지인 고린도에서 천막 제작자로 일했다."[9]

이 천막 제조 사업장의 세부 사항은 분명하지 않지만, 신약학자인 크레이그 S. 키너(Craig S. Keener)는 다음과 같이 말한다.

---

8 Michael Moynagh and Philip Harrold, *Church for Every Context: An Introduction to Theology and Practice* (London: SCM, 2012), 3885–6 Kindle.
9 Craig S. Keener, *The IVP Bible Background Commentary: New Testament*, 2nd ed. (Downers Grove, IL: InterVarsity Press, 2014), 379.

> 1층에 작업장이 있는 다층 아파트 건물이 일반적이었다. 많은 도시 장인이 현장에 살았고, 때로는 1층 상점 위의 중이층에 살았다 … 많은 사람이 집에 있는 상점에서 물건을 팔았다.[10]

키너는 브리스길라와 아굴라가 장인의 상점 위층에 살았을 수도 있다고 결론을 내린다. 바울 시대에는 무역 길드가 강했기 때문에 그는 천막을 만드는 길드와 그들의 사업과 관련된 관계 네트워크에 접근할 수 있었다. 바울은 교회 개척을 위한 비즈니스 네트워크에 접근하려고 일부러 시장에서 일한 것 같다.

사도 바울의 이 사업적 측면은 종종 비즈니스 선교(Business As Mission) 운동을 지원하기 위해 인용되지만, 이 사업 활동의 결과인 교회 개척에 관해서는 덜 논의되었다.

로마서 16:3-5과 고린도전서 16:19을 보면, 교회가 브리스길라와 아굴라의 집에서 모였는데, 이는 그들의 사업과 관련이 있었을 가능성이 크고, 이런 점에서 이것은 ECP의 강력한 사례가 된다.

바울은 다음과 같이 언급함으로써 브리스길라와 아굴라를 칭찬했다.

> 그들은 내 목숨을 위하여 자기들의 목까지도 내놓았나니 나뿐 아니라 이방인의 모든 교회도 그들에게 감사하느니라(롬 16:4).

확실히 이 일터교회 개척자들은 바울에게 중요한 사람들이었다. 그러나 이것은 바울에게 유일무이한 사례가 아니었다. 바울이 일찍 빌립보로 여행했을 때 "자색 옷감 장사"(행 16:14)인 루디아와 그녀의 온 가족이 바울의 메시지에 응답하여 세례를 받았다.

---

10 Ibid.

루디아는 바울과 그의 동료들을 집으로 초대했다(행 16:15). 그녀의 집과 사업장이 연결되어 있었을 가능성이 크다는 점을 생각해 보면 바울은 실제로 그녀의 사업장을 방문하여 오랜 시간 동안 가르치고 사역했다고 추측해 볼 수 있다.

바울은 데살로니가로 여행하기 전에 그들을 격려하기 위해 루디아의 집/사업장에 모인 신자들을 다시 만난다(행 16:40). 어쩌면 바울이 루디아의 사업장에서 이 ECP 방식을 '우연히 발견'한 뒤 나중에 브리스길라와 아굴라의 사업장에서 의도적으로 이 방식을 사용했을 수도 있다.

전통적인 교회 개척자들은 시장에 들어가는 것을 꺼릴 수 있지만, 예수님은 그렇게 부정적으로 접근하지 않으셨다. 실제로 그분은 일터 관련된 주제에 적극적으로 참여하셨으며, 종종 시장을 방문하기도 하셨다.

또한, 사도행전에 기록된 하나님의 개입 대부분이 시장에 나타났다. 이것은 아래의 〈그림 2〉에 설명되어 있다.[11]

〈그림 2〉 신약성경에 나타난 시장(일터) 중심적 사례들

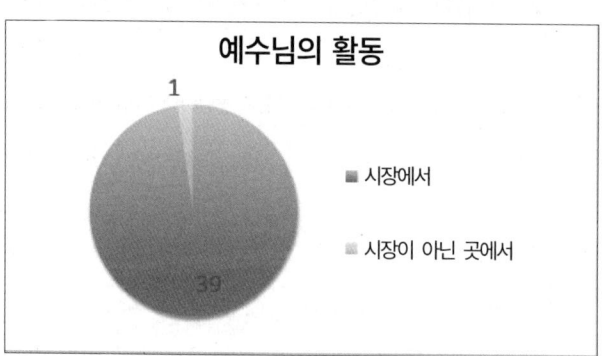

---

11 R. Paul Stevens, *Work Matters: Lessons from Scripture* (Grand Rapids: Eerdmans, 2012), 135.

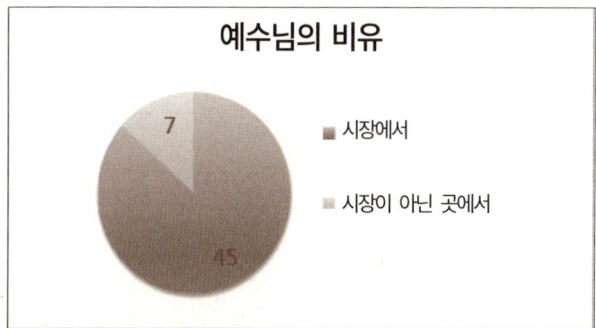

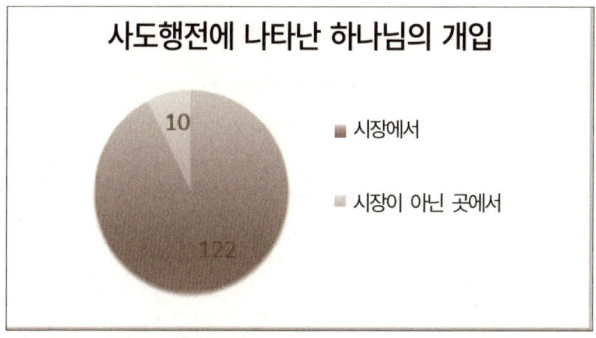

그레그 포스터(Greg Forster)는 성경이 일터에서 일어나는 문제와 관심사를 부수적인 것으로 취급하지 않고 반대로 매우 중요한 것으로 취급한다고 말한다.

> 성경은 일과 경제에 대해 상세하게 말한다. 우리의 일상 노동은 광범위한 성경적 관심을 받는 주제다. 창세기 1장부터 요한계시록 22장까지 이어지는 구절들은 우리의 일을 삶에서 매우 중심적인 의미를 주는 것으로 여기도록 가르친다. 우리는 우리의 일을 하나님과 이웃에 대한 봉사로 여기고, 정직한 부름을 통해 부지런히 일하고, 타락하고 부서진 세상의 도전 속에

서 인내하도록 배운다.[12]

성경은 우리 삶에서 일의 중심성에 대해 정기적으로 자주 말하지만, 북미 전역의 강단에서 설교의 주제가 되는 경우는 많지 않다. 이런 현실에 관해 마크 그린(Mark Greene)은 이렇게 말한다.

> 대체로, 교회에서 급여를 받지 않는 그리스도인의 98퍼센트는 선교를 위한 준비가 되어 있지 않거나 계획되어 있지 않다 … 따라서 그들이 깨어서 생활하는 시간의 95퍼센트는 선교와 상관이 없다.
> 이것은 얼마나 인간 잠재력의 비극적인 낭비인가![13]

만일 '정상적인' 그리스도인들이 일터에서(within) 선교적 소명을 수행하게 하는 것이 하나님의 계획이라고 생각한다면 어떠한가?

그들은 불신자들에게 다가가기 위해 일터를 통해 일하시는 하나님과 함께 선교하기 위해 그들의 은사, 네트워크, 자원 등을 어떻게 활용할 수 있는가?

유급 목회자에게만 교회 개척을 하도록 허락하는 대신, 기업가 정신에 능숙한 사람들이 일터에서 교회 개척자로서 비즈니스와 선교를 위해 자신의 재능을 활용하도록 각성시킨다면 어떠한가?

다행히 우리에게는 정확히 이것을 행한, 선교학적 뿌리에 근거한 역사적 사례들이 있다.

---

12 Greg Forster, "Introduction: What Are People Made For?," in *The Pastor's Guide to Fruitful Work and Economic Wisdom*, ed. Greg Forster and Drew Cleveland (Grand Rapids: Made to Flourish, 2012), 9.

13 Ibid., 6.

6. 선교학적 뿌리가 있는 역사적 사례들

레슬리 뉴비긴(Lesslie Newbigin)과 이후에 일어난 선교적 교회 운동은 교회가 '하나님의 선교'(*missio Dei*)에서 자신의 역할을 찾음으로써 선교적 소명을 되찾을 것을 호소했다. 뉴비긴은 "자기 자신의 확장을 일차적 과제로 생각하는 기독교공동체는 하나님의 뜻에 어긋나는 행동을 하는 것일 수도 있다"라고 강력하게 말한다.[14] 그런 다음 그는 교회에 다음과 같이 간절히 호소한다.

> [교회는] 공적 삶의 모든 영역으로 나아가 그 분야를 그리스도의 것으로 되찾고, 그동안 숨겨져 있던 환상의 실체를 드러내고, 모든 공적 삶의 영역에 복음의 빛을 비추는 사역을 해야 한다. 그러나 그런 일은 지역 회중이 자기 삶에 관한 내향적 관심을 포기하고, 그들이 교인이 아닌 사람들을 위해 사회의 모든 삶을 위한 하나님의 구속적 은혜의 표징, 도구, 맛보기로서 존재한다는 것을 인식할 때만 일어날 것이다.[15]

일터교회 개척자들은 경제 부문에서 기업가적 역량을 활용하여 공적 생활에 참여하라는 뉴비긴의 요청에 귀를 기울였다. 그 결과로 생겨나는, 그리스도를 따르는 사람들의 비즈니스와 그들의 신실한 공동체는 기존 교회 밖에 있는 사람들을 위해 하나님 나라의 표징, 도구, 그리고 맛보기가 되어야 한다.

달라스 윌라드(Dallas Willard)는 그가 언급한 대로 비즈니스 세계에 참여할 수 있는 엄청난 잠재력을 인식했다.

---

14 Lesslie Newbigin, *The Gospel in a Pluralist Society* (Grand Rapids: Eerdmans, 1989), 135.
15 Ibid., 233.

오늘날 제대로 인식하거나 감사하는 사람이 거의 없는 현실은 산업 및 상업 조직과 그 전문가들의 직접적 결과로 존재하는 시스템과 유통 네트워크를 통해 하나님의 선하심, 은혜, 공급하심을 널리 전파할 기회다. 그러므로 '비즈니스 세계'는 간과할 수 없는 중요한 측면이며, 선으로 악을 극복하려는 하나님의 계획에서 필요한 것으로 인식되어야 한다.[16]

비즈니스의 남용 가능성에 대해 모르는 바는 아니지만, 윌라드는 성실, 진실 및 투명성을 갖춘 비즈니스에 하나님 나라의 엄청난 잠재력이 있음을 더 설명했다.

지역 사업가들은 지역교회를 이끄는 사람들보다 하나님 나라의 길에서 훨씬 앞서 있을 수 있다. 비즈니스는 서로 사랑하고, 섬기고, 부양함으로써 하나님의 사랑을 세상에 전하는, 놀랍도록 효과적인 수단이다. 하나님은 세상을 사랑하신다(요 3:16). 그러므로 하나님은 기업의 비즈니스 조직을 인류 역사를 통해 이 사랑을 보여 주기 위한 주요 동력으로 삼으셨다. 따라서 비즈니스 분야와 그 고유한 지식은 하나님의 자비로운 통치의 영향과 통제를 받을 수 있고, 또한 그렇게 되어야 하는 인간 활동의 필수 영역으로 이해될 수 있고, 이해되어야 하는 영역으로 완벽하게 들어간다.[17]

그러므로 일터를 무시하는 것은 사회의 중요한 부문에서 '하나님의 선교'의 범위를 무시하는 것과 같다.

16　Dallas Willard and Gary Black Jr., *The Divine Conspiracy Continued: Fulfilling God's Kingdom on Earth* (New York: Harper One, 2014), 201.
17　Ibid., 203.

7. 21세기 순회 사역자들?

이제 초대 교회 때부터 현재까지 선교에 참여함으로써 교회를 개척하기까지 한 기업가들의 역사적 사례를 제공한다. 그러나 웨슬리 운동에 관한 몇 가지 간단한 스케치만으로도 ECP 접근법이 신뢰할 만한 교회 개척 방식임을 입증할 수 있다.

18세기 영국에서 존 웨슬리(John Wesley)는 많은 사람이 교회에 오지 않는다는 것을 깨달았다. 이것은 서구적 환경에서 사는 현대의 독자들에게 친숙하게 들릴 것이다. 그는 그들이 교회에 오기를 기다리는 대신 그들이 이미 모여 있는 곳으로 가야 한다고 생각했다. 그는 그들에게 몸을 씻고 교회로 들어오라고 하는 대신 교회에 다니지 않는 사람들에게 복음을 전하기 위해 장터, 벽돌 제조장, 그리고 탄광 등을 방문했다.

테넌트는 이에 대해 다음과 같이 자세히 설명한다.

> 그가[존 웨슬리가] 가장 좋아하는 설교 장소는 묘지와 일터였다 … 일터를 신호했던 이유는 종종 그곳에 십자가가 있었기 때문이다. 18세기 영국에서는 사람들에게 공적 거래에서 정직이 중요하다는 점을 상기시키기 위한 표시로 거래가 이루어지는 시장에 십자가를 두는 것은 특이한 일이 아니었다. 따라서 웨슬리는 공적 장소인데도 십자가 아래에서 설교할 수 있었다. 웨슬리의 명대사 "모든 세상은 나의 교구다"라는 말은 새로운 현실 곧 설교단이 폐쇄되고, 공식적 교구의 입장을 넘어서 다소 대담한 교회론을 받아들이려는 그들의 결정에 뿌리를 두고 있었다.[18]

---

18 Timothy C. Tennent, "Homiletical Theology" (입학 개회사, 애즈베리신학교, 2016년 9월), http://timothytennent.com/2016/09/13/my-2016-opening-convocation-address-homiletical-theology/.

처음에는 주저했지만, 웨슬리는 이런 관행이 일터에 있는 불신자들 사이에서 그리스도를 따르는 공동체를 모으는 운동으로 이어졌다는 것을 알게 되었다.

웨슬리는 비즈니스에 참여함으로 사실 열렬한 기업가이자 신학자였다! 그는 오늘날의 통화로 4-5백만 달러로 추정되는 이익을 얻었다.[19] '돈의 사용'(The Use of Money)에 관한 그의 설교에서 이 사업 수익이 제공할 수 있는 큰 유익을 깨달았다.[20]

> 그분 자녀들의 손에 있는[돈]은 배고픈 사람을 위한 음식, 목마른 사람을 위한 음료, 헐벗은 사람을 위한 의복입니다. 그것은 여행자와 낯선 이에게 머리 누울 곳을 줍니다. 그것으로 우리는 과부에게 남편의 자리를, 고아에게 아버지의 자리를 제공할 수 있습니다. 우리는 억압받는 이들을 위한 방어막이 될 수 있고, 병자들을 위한 건강의 수단이 될 수 있으며, 고통을 겪고 있는 이들에게도 그럴 수 있습니다. 그것은 시각 장애인의 눈처럼, 다리를 저는 장애인의 발처럼, 참으로 죽음의 문에서 뛰어오르는 사람일 수 있습니다.[21]

19　David Wright, *How God Makes the World A Better Place: A Wesleyan Primer on Faith, Work, and Economic Transformation* (Grand Rapids: Christian's Library Press, 2012).

20　기업가이자 신학자로서 웨슬리는 다른 설교, 예를 들어 〈부의 위험〉이런 제목의 설교에서 언급한 것처럼 부의 잠재적 해악에 대해 순진하지 않았다. 이것은 현대적 맥락에 유익하다. 웨슬리는 선과 악을 보았지만 하나님 나라의 유익을 위해 이 잠재력을 기꺼이 탐구했다. 개인적으로 자신의 사업을 소유한 신학자들은 종종 이윤, 시장, 사업이 번영하는 사회를 만들 수 있는 일반적 잠재력에 대해 사업을 소유하지 않은 신학자와 매우 다른 관점을 가지고 있다.

21　웨슬리의 설교를 사이트를 통해 볼 수 있다. http://wesley.nnu.edu/johnwesley/the-sermons-of-john-wesley-1872-edition/the-sermons-of-johnwesley-theological-topic/. 그의 설교 중 일부는 다음을 포함하여 돈과 관련된 주제를 다루었다.

　　o Sermon 87 - The Danger of Riches 1 Tim 6:9
　　o Sermon 112 - The Rich Man and Lazarus Luke 16:31
　　o Sermon 50 - The Use of Money Luke 16:9
　　o Sermon 51 - The Good Steward Luke 21:2

웨슬리는 같은 설교에서 일터에서 사업과 돈이 선교적으로 얼마나 중요한지 되돌아보며 이렇게 결론을 내린다.

> 그러므로 가장 큰 관심사는 하나님을 두려워하는 모든 사람이 이 귀중한 재능을 사용하는 법을 아는 것입니다. 다시 말해서, 그들이 이런 영광스러운 목적에 관해, 그리고 가장 높은 수준에서 어떻게 대답할 수 있는지를 배우는 것입니다.²²

일터교회 개척자들은 웨슬리가 제안한 것처럼 일터에서 기업가적 은사와 선교적 소명을 실천하고 있다.

웨슬리의 기업가적 접근 방식에 의해 생성된 불꽃은 결국 감리교 순회 사역자들이 개척자들이 살고 일하는 장소로 여행하면서 미국 국경에 산불처럼 퍼졌다. 개척자들이 기존 교회에 올 때까지 기다리는 대신 순회 사역자들은 지역 모임 장소에서 설교함으로써 그리스도를 따르는 공동체를 형성했다.

케네스 킹혼(Kenneth Kinghorn)은 이 활동을 다음과 같이 설명한다.

> 18세기 연회 의사록에 설교 장소가 정확하게 나열되어 있다. 설교 장소에는 선술집, 오두막, 상점, 가난한 집, 요새, 헛간, 숲속 빈터, 강 보트가 포함되었다. 한번은 순회 사역자가 도박장에서 설교했다. 한 평신도는 이렇게 말했다. "예수 시대에 어떤 사람들은 하나님의 집을 도둑의 굴로 만들었지만, 이제는 감리교인들이 도둑의 굴을 하나님의 집으로 바꾸었다 … 1800년대 중반까지, 미국 감리교는 단연코 이 나라에서 가장 크고 영적으로 영향력 있는

---

    o Sermon 108 - On Riches Matt 19:24
    o Sermon 126 - On the Danger of Increasing Riches Ps 62:10
22 Ibid..

종교 단체가 되었다."²³

18세기 감리교 순회 사역자들과 21세기 일터교회 개척자들이 서로 유사하다는 판단은 매우 설득력이 있다. 둘 다 그들의 선교적 부름을 깨달았고, 기존 교회 밖의 사람들이 모이는 장소에 기꺼이 참여했다. 두 집단 모두 교회가 하나님 나라의 표징, 도구, 그리고 맛보기의 역할을 할 수 있도록 일터에서 기꺼이 위험을 감수한 개척자들이었다.²⁴

또한, 둘 다 기업가적 실험의 잠재력을 인식하고 그들의 재능을 하나님 나라에 사용하기로 했다.

일터교회 개척자들이 북미의 영적 풍경을 다시 한번 변화시킬 잠재력을 지니고 있다는 점에서 18세기 감리교 순회 사역자들과 동등하다고 말할 수 있는가?

8. 나가는 말

북미 교회가 현재 처해 있는 선교적 상황으로 인해, 일터교회 개척자들이 참여하고 있는 일터 역시 선교지와 같다. 수년 동안 영국 성공회에서 봉사한 뒤 은퇴한 그레이엄 크레이(Graham Cray) 주교는 "오랫동안 이어져 온 교회의 생활양식이 시간이 지날수록 점점 더 작동하지 않는다"²⁵라고 결론지었다.

---

23 Kenneth Cain Kinghorn, "Offer Them Christ with Bibles in Hand & God's Spirit in their Hears, the Early Circuit Riders," *The Asbury Herald* 117.1 (2007): 13.
24 Leslie Newbigin, *The Gospel in a Pluralist Society* (Grand Rapids: Eerdmans), 1989.
25 2017년 1월 영국 요크에서 필자와 그레햄 크레이와의 개인적 대화.

결과적으로 그는 영국의 '새로운 표현들'(Fresh Expressions) 운동을 형성하는 데 중요한 역할을 했으며,[26] 이 운동은 미국과 다른 지역으로 퍼지고 있다.[27] 그는 서구 세계에서 교회의 영향력 감소를 막기 위해서는 일터에 있는 교회들을 포함하여 교회 개척을 위한 혁신적 방식이 필요하다는 것을 인식했다.

이 장에서는 교회 개척자들이 상호 교환을 통해 만들어지는 진정한 관계를 기반으로 대규모 네트워크를 만들 수 있는 일터의 잠재력을 고려할 것을 권장한다. 그러나 교회가 사업으로 운영되어야 한다고 제안하는 것은 아니다. 오히려 교회 개척에 중점을 두고 사업을 운영할 수 있다. 일터교회 개척은 선교적 목적과 사업적 생존 능력이라는 두 마리 토끼를 잡아야 한다. 둘 중 하나만 잡는 것은 충분하지 않다.

만약 선교적 목적이 없다면, 일터교회 개척은 하나님을 경배하려고 하지 않는 사업으로 전락할 수 있다. 요한복음 2장에서 예수님이 성전을 정화하실 때 비판하신 것처럼. 반면에 만약 일터교회 개척을 실행할 수 있을 만큼 재정적으로 충분히 준비되지 않으면 생존하여 장기적인 영향을 끼치지 못할 것이다.

선교적 목적과 사업적 생존 가능성에 초점을 맞추면 일터교회 개척 방식은 교회 개척자들에게 새로운 가능성을 열 수 있다. 이런 가능성을 위해서는 다음과 같은 요소들이 필요하다.

---

26 모든 '교회의 새로운 표현들'이 일상 또는 일터에 참여하는 것은 아니지만 일부는 참여하기 때문에 ECP는 '교회의 새로운 표현들'의 하위 집합이다.

27 예를 들어, 애즈베리신학교(Asbury Theological Seminary)를 졸업한 주상락 박사의 논문 연구는 한국의 최근 ECP로 인한 사회적 자본의 증가를 기록했다.

1) 팀

차고에서 조용히 일하는 고독한 기업가에 관해 말하는 일반적인 신화와는 달리, 대부분 기업가에게는 팀이 필요하다. 토마스 M. 쿠니(Thomas M. Cooney)는 다음과 같이 말한다.

> 기업가가 고독한 영웅이라는 낭만적 생각에도 불구하고, 성공한 기업가들이 자신들을 중심으로 한 팀을 구성했거나 시종일관 팀의 일원이었다는 것이 어느 정도 현실이라고 주장할 수 있다.[28]

일터교회 개척은 하나님 나라에서 자신이 얼마나 중요한 역할을 담당하고 있는지 미처 깨닫지 못한 평신도들을 활성화하고 참여시킬 잠재력을 가지고 있다.

예를 들어, '캠프하우스'(Camp House)라는 카페 내에 있는 성공회 교회의 개척자 크리스 소렌슨(Chris Sorenson)은 "내가 만약 교회 개척을 다시 한다면 제일 먼저 회계사를 고용할 것입니다"라고 털어놓았다.

현재 교회에서 얼마나 많은 회계사가 자기 기술을 사용하는 것이 하나님의 선교에 얼마나 중요한지를 깨닫고 있을까?

일터교회 개척은 교회의 '세속적 전문가들'(secular professionals)에게 활력을 불어넣어 교회 개척 운동에서 중요한 역할을 하게 할 수 있다.

---

[28] Thomas M. Cooney, "Editorial: What Is an Entrepreneurial Team?," *International Small Business Journal* 23.3 (2005): 226.

2) 교회론

교회 역사를 통틀어 신학은 큰 성과를 거두었지만, 교회의 생존을 위해서는 문화적 적응이 필요했다. 문화적으로 구속하는 틀을 벗어버리고 교회를 형성하기 위한 새로운 혁신을 모색한다면 교회 번영을 위한 새로운 가능성이 실현될 수 있다. 요컨대, 분재 식물은 성장을 제한하는 작은 용기에서 벗어날 수 있으며, 더 넓게 퍼지도록 덜 제한된 위치에 같은 씨앗을 심을 수 있다.

교회의 정체성을 잘 지키기 위해 주의를 기울여야 하지만, 교회의 사명은 일터라고 하는 광대한 관계 네트워크를 포함하여 주변 문화와의 깊은 참여를 요구한다. 새로운 교회 형식은 이런 유형의 창의적이고 기업가적인 사고에서 비롯될 것이다.

3) 평신도/이중직 사역

전임 목사의 고용이 금방 끝날 것 같지는 않지만, 일터교회 개척은 고린도에서 사역했던 바울의 예에 따라 일터에서 자신의 교류 집단에 연결된 목회자들의 가치를 고려한다. 예를 들어, 기술 신생기업(startup)의 결과로 시작된 일터교회 개척은 이 사업이 도시의 가장 시급한 일자리 문제를 해결했다는 사실을 알게 되었다.

그 결과 목회자들은 전임 목회를 위해 자신이 지금 하는 일을 그만두기를 원치 않았다. 만약 그렇지 않으면 그들은 주변 문화에 영향을 미칠 수 있는 바로 그 현장으로부터 제거될 것이다. 적어도 일터교회 개척자들은 교회 개척자들과 그들의 이해 당사자들이 교회 개척자들의 고용과 보상에 대한 다양한 질문과 옵션을 탐구할 수 있게 해 준다.

더 많은 성찰, 토론 및 실행을 안내하기 위해 다음 장에서는 ECP에 대한 성경적, 신학적 근거를 논의하고, 그 뒤에 역사적 사례와 현대적 사례를 설명할 것이다. 또한, 교회의 이런 표현에 이상적으로 적합한 교회 개척자의 유형에 대한 패러다임을 제시할 것이다. 우리의 희망은 이런 유형의 조사가 전 세계 일터교회 개척자들의 실험과 혁신으로 이어지는 것이다.

일터에서 이 선교적 혁신을 탐구하기 위해 우리는 성경이 출발점인 창세기에서 시작할 것이다. 이 성경적 기초는 다음 장의 주제가 될 것이다.

제2부

성경적 기초

제2장 구약성경의 기초: 거룩한 선교공동체를 위한 비전

제3장 예수님의 이전 일과 그 이면에 놓인 비즈니스

제4장 예수님의 창업 정신적 가르침과 그분의 초기 제자들

제5장 사도행전과 바울의 사역에 등장하는 교회의 사업가(기업가)들

제6장 대위임령: 일터 사역을 위한 신학적 기초와 의미

제2장

구약성경의 기초: 거룩한 선교공동체를 위한 비전
(브라이언 D. 러셀)

> 사업은 수백만 달러를 쌓아 두기 위해서가 아니라 행복을 만들기 위해 시작되었다.
>
> — B. C. 포브스

1. 서론

고대 이스라엘의 성경은 열방을 축복하기 위해 도구로 존재해야만 하는 거룩한 예배공동체를 향한 하나님의 부르심에 관한 담대한 비전을 보여 준다. 21세기에 존재하는 하나님의 백성은 '일터교회 개척'(ECP)을 통해 일상에서 '아직' 예수 그리스도를 따르지 않는 사람들과 관계를 맺음으로써 복음을 전파할 새로운 기회를 감지하고 있다.

이에 본 장에서는 ECP의 실행을 안내하기 위해 구약성경이 제공하는 기초를 탐구할 것이다. 아래의 논의는 일상 안에서 예수 그리스도의 복음을 증거하고, 하나님 나라의 선한 영향력을 끼치길 원하는 교회 개척자들에게 체험적 틀을 제공하는 것을 목표로 한다. 구약성경에서 하나님의 백성을 위한 하나님의 비전은 열방에, 열방 가운데서, 그리고 열방을 위한 하나님의 성품을 드러내는 선교공동체로 사는 것이다.

지면의 제약을 고려하여 이 장에서는 구약성경 중 창세기부터 신명기까지 나오는 이스라엘의 탄생 이야기에 주로 초점을 맞추고, 나머지 부분은 제한적으로 참조할 것이다.

2. 구약성경에 나타난 하나님 백성의 소명과 선교

ECP는 교회 개척자 자신이 일상에 적극적으로 참여하는 상황을 가정한다. 오늘날의 언어에서 우리는 종종 일상에서 사역과 직장 사이의 역동적 균형을 포착하기 위해 '이중직'이라는 단어를 사용한다. 이 모델은 대체로 구약의 목적과 내용을 벗어난다. 구약에서 하나님은 열방을 향한 선교 운동이 아니라 '이방의 빛'(사 42:6; 49:6)이 되도록 한 백성을 부르셔서 가나안 땅에 세우셨다.

따라서 대부분의 구약 제도는 아직 하나님을 알지 못하는 민족들 가운데서 한 정착민으로 살아가는 것을 가정한다. 그래서 다른 민족들 가운데 살고 일하면서 그들을 복음화하려는 공식적 시도는 없었다. 니느웨로 여행을 떠난 선지자 요나는 그 규칙에서 벗어난 예외적 사례이다.

물론 이스라엘의 조상들(아브라함, 이삭, 야곱과 그들의 가족들)은 반유목민이면서 동시에 축복의 통로로서 하나님의 선교를 위해 살았다(창 12:3b). 그들은 그들 주변 민족들에게 하나님을 증거했으며, 그들의 가나안 생활은 땅끝까지 복음을 전하는 신약의 선교를 예표한다(마 28:16-20; 행 1:8). 이 목동들은 현대 일터교회 개척자들의 생활 방식에 가장 가까운 예를 제공한다.

아브라함, 이삭, 야곱, 그리고 그들의 가족들은 가나안 지역으로 이주하여 새 이민자로서 가나안 주민들 가운데서 살았다. 그러나 그 땅에 하나님의 백성이 정착한 후 이스라엘은 토라 체제 아래에서 더욱더 정치적 실체로 발전했다. 이스라엘은 그 땅에서 금지된 선지자, 제사장, 그리고 왕정제도를 통해 '이방의

빛'으로 살았다.¹

이런 '직무들,' 특히 제사장과 왕은 이스라엘 전체의 지지를 받는 영구적 직책이었다. 물질적 지원으로 십일조를 받은 레위 지파는 이스라엘에서 율법을 가르치고 제의 기능을 수행했다.²

ECP에 대한 가장 가까운 구약의 비유는 이스라엘이 출애굽한 뒤 가나안 땅에 들어갔을 때 이스라엘 사회의 다양한 영역에서 등장한 선지자들일 것이다. 우리는 그들 중 선지자적 역할과 관련이 없는 일을 했던 선지자들의 예를 통해 ECP의 예를 확인할 수 있다. 가장 유명한 선지자는 아모스이다. 그는 "나는 선지자도 아니요 선지자의 아들도 아니요 나는 목자요 뽕나무를 가꾸는 자니"(암 7:14)라고 고백함으로써 물질을 위해 예언했다는 다른 사람들의 시선에 대해서 자신을 변호한다.³ 다시 말해서, 그는 예언으로 생계를 꾸려 나가는 종교인이 아니었다.

아래에서 살펴보겠지만, ECP 운동에 대한 구약의 공헌은 사례와 모델이 아니라 견고한 선교공동체를 구현하는 데 필요한 신학적, 윤리적 토대를 제공하는 것이다.

3. 구약과 하나님의 선교

가장 중요한 성경 이야기는 창조에서 다락, 그리고 이스라엘의 형성으로 이동한다. 그것은 신약에서 하나님의 새 인류, 메시아 예수, 교회, 그리고 새 창조로 이어지는 여정과 같다. 여기서 하나님의 선교는 성경 이야기의 중심 주제

---

1 Brevard S. Childs, *Old Testament Theology in a Canonical Context* (Minneapolis: Fortress, 1985), 108–54.
2 위 지파 제사장의 역할에 대한 선교적 이해는 다음을 참조하라. Nicholas Haydock, *The Theology of the Levitical Priesthood: Assisting God's People in Their Mission to the Nations* (Eugene, OR: Wipf and Stock, 2015).
3 이 성경 인용은 필자가 번역한 것으로 개역개정과 다르다.

이다.⁴ 그리고 구약은 선교 드라마인 성경의 전반부를 이해하는 데 중요하다.

1) 창조와 타락

구약은 온 인류를 위한 선교공동체로 봉사하도록 이스라엘을 부르신 하나님의 이야기 배경을 보여 주며 시작한다.

창세기 1:1-2:25은 풍요로운 세상을 창조하신 하나님의 이야기를 들려준다. 이 세상에 인간은 하나님의 창조 사역의 절정으로 존재했다(창 1:26-31). 하나님의 형상대로 창조된 남자와 여자는 보이지 않는 창조주의 가시적 반영으로 살았다.⁵ 즉, 인류는 창조주를 대신하여 땅을 채우고 다스리는 직무를 수행했다(창 1:28, 2:15). 이런 성경의 장들은 하나님이 의도하신 삶을 엿볼 수 있게 해 준다.

하나님이 인류를 존엄하게 하시고 인간을 이런 공동 창조에 참여시키기 위해 타락 이전에 일을 주셨다는 것은 지적할 가치가 있다고 생각하지 않는가?

하나님과 인간 사이는 완벽한 관계였다. 남자와 여자 사이에는 상호 작용이 있었다. 인간과 세상 사이에는 조화가 있었다. 하나님이 의도하신 대로 일은 목적이 있었고 일은 하나님의 창조 계획에 필수적이었다. 하나님은 혼란스러운 시작(창 1:2)에서 첫째 날부터 다섯 째 날까지(창 1:4, 10, 12, 18, 21) 일

---

4 Michael Goheen, A Light to the Nations: The Missional Church and the Biblical Story (Grand Rapids: Academic, 2011); Brian D. Russell, (re)Aligning with God: Reading Scripture for Church and World (Eugene, OR: Cascade Books, 2015); and Christopher J. H. Wright, The Mission of God: Unlocking the Bible's Grand Narrative (Downers Grove, IL: IVP Academic, 2006).

5 Walter Brueggemann, Genesis, Interpretation: A Bible Commentary for Teaching and Preaching (Louisville: John Knox, 1982), 31-35; Terence Fretheim, God and the World in the Old Testament: A Relational Theology of Creation (Nashville: Abingdon, 2005), 48-60; Cf. J. Richard Middleton, The Liberating Image: The Imago Dei of Genesis 1 (Grand Rapids: Brazos, 2005).

하심으로써 "좋음"에서 "보시기에 심히 좋음"으로 창조 세계를 옮겨 주셨다(창 1:31).

인류에게도 소명이 있었다. 인류는 본래 사명이 있는 거룩한 공동체였다. 그 사명은 피조물을 돌보고 피조물의 보이지 않는 창조주를 증거하는 하나님의 대리인으로 봉사하는 것이었다.

창세기 1-2장은 생명의 공동체적 본성을 강조하기 위해 남자와 여자의 창조에 초점을 맞추고 있다. 인간이 된다는 것은 공동체 일부이며 그 공동체 안에서 일한다는 것을 의미한다. 인류의 원래 사역은 창조의 청지기로 봉사하고 땅을 채우는 일이었다(창 1:26-31).

창세기 2:15에서, 하나님은 인간을 에덴동산에 두어 '섬기는 것과 돌보는 것'을 시키셨다. 여기서 이 말의 뉘앙스는 의미 있고 목적이 있는 작업과 창조에 대한 참여를 암시한다. "땅에 충만하라"(창세 1:28)라는 명령은 창조주 하나님을 모든 피조물에 증거할 수 있는 수단인 하나님의 형상대로 창조된 사람들로 온 땅을 덮으라는 인류의 사명을 포함한다.

거룩함의 언어는 창세기 1-2장에 분명히 명시되어 있진 않지만, 인류를 위한 함축된 윤리는 하나님의 목적에 헌신하는 충실한 봉사라는 것을 보여 준다. 선악을 알게 하는 나무의 실과를 먹지 말라는 것은 순종과 불순종의 경계를 표시하는 역할을 했다(창 2:16-17; 참조, 2:9).

창세기 3:1-11:25은 하나님이 창조하신 완전한 세상이 오늘날 우리가 사는 부서지고 잃어버린 세상으로 어떻게 변모했는지 설명하는 일련의 이야기와 족보를 제공한다. 하나님과 인간 사이에는 소외가 생겼고 인간과 인간 사이에는 지배욕이 생겼으며, 인간과 자연 사이에는 쉽게 깨어질 관계가 되었다.

바울은 로마서에서 인류와 창조 세계의 곤경을 다음과 같이 요약한다.

> 모든 사람이 죄를 범하였으매 하나님의 영광에 이르지 못하더니(롬 3:23).

> 피조물이 헛되이 하게 된 것은 자의가 아니요 오직 굴복시키신 이로 말미암음이니 이는 피조물이 곧 굳게 설 것을 바랐음이니라 썩어짐의 종노릇에서 해방되어 하나님의 자녀들의 영광의 자유를 얻으리라 (롬 8:20-21).

이런 현실은 창세기 3-11장에서 그 뿌리를 찾을 수 있다. 아담과 하와와 뱀(3:1-24), 아벨과 가인과 셋(4:1-26), 노아와 대홍수(창 6-9장) 그리고 바벨탑(11:1-9) 이야기는 모든 인류와 그 제도에 대한 죄의 확산과 침입과 창조 세상 자체의 파괴를 묘사한다. 이런 장들은 또한 잃어버린 피조물을 다루시는 하나님의 은혜를 강조한다. 더 나아가 인류의 족보는 인류의 번식과 땅에 충만함을 기록하고 있다(창 5, 10장; 11:10-25).

바벨탑 사건 이후 인류는 하나님이 의도하신 대로 지구 전역에 퍼지게 되었다(창 11:8-9; 참조, 1:28; 9:1). 그러나 아이러니하게도 인류가 하나님의 뜻대로 전 세계에 가득 찼지만 거룩하고 선교적인 백성으로 사는 것이 아니라 잃어버린 인류로 살았다. 따라서 선교적 필요가 커졌다. 여기에서 하나님의 사명은 잃어버린 인류의 구원과 깨어진 세상의 회복이었다. 이것이 바로 하나님께서 일터교회 개척자들을 부르신 사명이다.

창세기 1-11장은 또한 일터교회 개척자들이 활동할 세계를 설명한다. 그것은 더는 하나님이 의도하신 완전한 세상이 아니었다(창 1-2장). 교회 개척자들은 새 창조의 완전한 회복과 풍요를 기대하며 깨어진 세상과 잃어버린 인류(창 3-11장)를 향해 좋은 소식을 전해야 한다.

2) 이스라엘: 하나님의 새 인류(이스라엘의 조상들)

(1) 축복의 대리인

하나님의 구원 사명은 예수님의 삶과 죽음, 부활에서 정점에 달한다. 예수님은 부활하신 후 성령의 능력으로 교회를 열방에 보내셔서(행 1:8) 그들을 제자로 삼으신다(마 28:18-20). 그러나 이 사명은 구세계에서 새 인류를 불러 열방의 축복의 대리인이 되게 하는 것으로부터 시작된다.

창세기에 보면 하나님은 아브람과 사라를 부르신다(창 11:27-12:9). 창세기 12-50장은 하나님이 이스라엘의 조상들을 대하신 일을 서술하고 있다. 여기에 ECP에 대한 중요한 교훈들이 있다.

(2) 복의 통로가 되기 위해 복을 받음

아브람과 그의 가족에 대한 하나님의 선교적 소명은 ECP에 대한 소명을 이해하는 데 있어 중요한 예시가 된다.

창세기 12:1-9에서 하나님은 아브람과 그의 가족들을 새로운 땅으로 보내신다. 창세기 12:3b은 하나님의 사명에 대한 구약의 증거를 이해하는 데 중요하다.[6]

> 땅의 모든 족속이 너로 말미암아 복을 받을 것이다(창 12:3b).

아브람의 부르심은 만민을 위한 선교적 부르심이었다. 여기서 아브람의 부르심의 기준이 되는 설정에 주목하라. 바로 창세기 1-11장의 창조와 타락 이야기가 이어진다.

하나님께서 아브람을 통해 축복하실 백성은 누구인가?

다름 아니라 성경의 서두에 묘사된 민족들과 나라들이었다(창 1-11장, 특히 열방의 표[10:1-32]). 즉, 하나님은 우주적 사명을 위해 특정한 백성을 부르신 것이다.

교회 개척자 알렉스 맥매너스(Alex McManus)는 이렇게 말한다.

---

[6] Bill T. Arnold, *Genesis, The New Cambridge Bible Commentary* (Cambridge: Cambridge University, 2009), 133; Richard Bauckham, *The Bible and Mission: Christian Witness in a Postmodern World* (Grand Rapids: Baker Academic, 2003), 28; Victor P. Hamilton, *The Book of Genesis: Chapters 1-17, New International Commentary on the Old Testament* (Grand Rapids: Eerdmans, 1990), 373-76; Cf. R. W. L. Moberly, *The Theology of the Book of Genesis* (Cambridge: Cambridge University Press, 2009), 141-61.

복음은 다른 사람에게 가는 도중에 우리에게 온다.[7]

(3) 예배

이스라엘 조상들의 이야기는 순례하는 백성으로서 머물기 위한 예배의 힘을 증명한다. 아브라함, 이삭, 야곱은 새로운 땅에 거류할 때마다 제단을 쌓음으로써 일관되게 여호와 하나님을 경배했다(아브라함: 창 12:7; 13:4, 18; 22:9; 참조, 21:33; 이삭: 창 26:25, 야곱: 창 33:20 및 35:1-7). 그들은 예배와 함께 새로운 장소에서 생활하면서 중요한 사건과 시간을 기념했다. 이것은 일터교회 개척자들에게 지속적 예배와 축하 형식으로 선교 활동을 시작하라는 신호 역할을 한다.

(4) 하나님의 약속에 대한 그분의 신실하심

창세기 12-50장은 모세오경의 두 가지 탁월한 구원 행위의 서곡 역할을 한다. 바로 출애굽과 시내산이다. 창세기 12-50장의 강조점은 하나님의 신실하심으로 말미암아 축복의 대리인이 될 새 인류를 세우신다는 것이다.

창세기 1-11장의 거대한 실패에서 벗어나, 창세기 12-50장은 하나님의 은혜와 인간의 반응 사이의 역동적인 상호 작용을 보여 주지만, 강조점은 어떻게 하나님께서 그분의 은혜와 신실함으로 그분의 선교를 하며 앞으로 나아가는지에 있다. 아브라함/사라, 이삭/리브가, 야곱, 에서와 그들의 가족들의 이야기를 읽을 때, 우리는 그들의 이야기에서 일련의 실수와 가족들 간의 긴장을 마주한다.

그들은 영웅이자 여주인공일지 모르지만, 하나님과 떨어져서 부서지고 길을 잃는다. 창세기 12-50장을 읽을 때 인간의 충실함에 정점을 엿볼 수 있다.

---

[7] 나는 알렉스 맥매너스(Alex McManus)가 2005년 신앙공동체를 위한 봉사 활동을 하던 플로리다주 오코이에 있는 한 커피숍에서 비공식 대화를 하던 중 이 원칙을 설명하는 것을 처음 들었다.

예를 들어, 아브라함은 하나님의 부르심에 응답하여 떠났다(창 12:4). 아브라함은 하나님의 약속에 믿음으로 응답했다(창 15:6). 야곱은 복을 받기 위해 하나님께 매달렸다(창 32:22-32). 요셉(창 39장)은 어려운 상황에서도 정당하게 행동했다.

그러나 이들은 자주 실패했다. 아브라함은 사라와의 관계에 대해 거짓말을 한다(창 12:10-20). 아브라함과 사라는 사라의 종 하갈을 대리인으로 사용하여 하나님의 의도와 독립적으로 행동한다(창 16장). 야곱은 형 에서의 장자 명분과 복을 가로챈다(창 27-28장). 요셉은 형들에게 거만하게 대하고 형들은 그를 종으로 팔았다(창 37장).

그러나 이런 무너짐 속에서도 하나님은 하나님의 사명을 진전시키신다. 하나님은 인간 능력의 전형적 통로를 지속적으로 무너뜨림으로써 이 일을 행하신다. 이런 행동은 하나님의 신실하심을 강조하고 복음의 궁극적 성공이 인간의 독창성과 은사를 제외한 하나님의 능력과 은혜에 달려 있음을 보여 준다.

첫째, 하나님은 하나님의 백성을 새 땅 가나안으로 보내신다. 이 기간 동안 가나안에 사람이 거주했지만, 고대 근동 역사의 대부분에서 권력의 중심은 메소포타미아와 이집트에 있었다. 하나님은 메소포타미아에서 아브람을 부르셨다. 아브람의 가문의 뿌리는 우르에 있었다(창 11:31).

둘째, 창세기 전체에 걸쳐 하나님은 일관되게 장자를 우회하여 동생과 함께 일하는 것을 선호하셨다. 첫 번째 사건은 하나님께서 가인의 제사보다 아벨의 제사를 더 좋아하신 것이다(창 4:1-16). 아브람의 가족이 성장함에 따라 이런 현상이 각 세대에 걸쳐 일어난다. 이삭은 이스마엘을, 야곱은 에서를, 요셉은 형 열 명을 대신했다.

고대 세계에서(그리고 일부 현대 문화에서는) 맏아들이 특혜를 받았고 자원을 활용하는 가족의 수단으로 아버지의 재산 대부분을 상속받는다. 그러나 하나님은 동생들을 활용하여, 미래를 개척하려는 인간의 시도에서 벗어나 복음이 전진하고 있음을 보여 주신다.

셋째, 창세기 12-50장 전체에 걸쳐 하나님의 백성은 자녀가 없는 문제를 경험한다. 아브라함/사라, 이삭/리브가, 그리고 야곱/라헬은 자녀가 없는 부부로서 상당한 기간을 겪는다. 이것은 하나님께서 아브라함의 자손들이 하늘의 별과 해변의 모래와 같이 많아질 것을 약속하셨기 때문에 의미가 있다(창 22:17, 참조, 15:5).

각각의 경우에 하나님은 이 부부들에게 하나님의 선교를 발전시키는 데 중요한 자녀를 낳도록 축복하신다. 장자를 우회하는 앞의 요소와 함께 하나님은 미래가 인간의 모범 사례가 아니라 하나님의 약속에 달려 있음을 보여 주신다.

이런 교훈은 ECP에 매우 중요하며 사업 계획과 교회 개척 모범 사례에 대한 우리의 신뢰를 넘어 하나님의 축복으로 발전하는 미래에 대한 급진적 개방성으로 우리를 초대하신다. 또한, 하나님은 우리의 실패와 상함에도 불구하고 일하실 수 있으심을 보여 주신다. 목회 현장과 일터에서 힘든 날에 이런 현실을 기억한다면 깊은 위로가 될 것이다.

3) 이스라엘: 하나님의 새 인류(출애굽)

출애굽기 19:4-6은 하나님의 백성에 대한 구약의 비전을 담고 있다. 하나님의 백성은 전 세계를 위해 제사장 나라와 거룩한 백성으로 섬기는 것이다.[8] 이런 구절들은 오늘날 세상에서 하나님의 백성을 위한 소명을 요약한다. 그들은 세상을 위해, 세상을 향해, 세상 안에서 하나님의 성품을 반영하고 증거하는 것과 그러한 성품을 위해 존재하는 거룩한 백성의

---

8 이런 구절들에 대한 논의는 다음을 참조하라. W. Ross Blackburn, *The God Who Makes Himself Known: The Missionary Heart of the Book of Exodus, New Studies in Biblical Theology* (Downers Grove, IL: IVP Academic, 2012), 89–95 and Russell, (re)Aligning with God, 42–43.

비전을 결합한다.

(1) 은혜로 창조됨

은혜는 하나님과 하나님의 선교에 참여하는 백성들 사이에서 일어나는 관계의 기초이다. 시내산에서 하나님은 언약을 제시하기 전에 과거를 되새김으로써 자신과 이스라엘 사이의 관계에 기초를 삼으셨다.

> 내가 애굽에서 어떻게 행한 것과 독수리 날개로 너희를 업어 내게로 인도하였음을 너희가 보았느니라(출 19:4).

이것은 시내산에서 시작되는 하나님의 말씀이었다. 이스라엘은 하나님께서 그들을 대신하여 행동하셨기 때문에 이집트의 압제에서 벗어나 존재할 수 있었다. 관계의 창조주이신 하나님께서 그분의 백성을 위해 행하신 일들을 십계명의 시작 부분에서부터 기억에 남을 정도로 다시 언급하신다.

> 나는 너를 애굽에서 종 되었던 집에서 인도하여 낸 네 하나님 여호와니라(출 20:2).[9]

이집트는 이제 과거의 역사가 되었다. 애굽으로부터의 구원은 죽음에서 생명으로, 선교를 억누르던 압제에서 하나님의 선교를 위한 해방으로 나아가는 하나님 백성의 움직임의 결정적인 표지 역할을 했다.

이스라엘 백성은 유월절(출 12:1-13:16)을 그들의 삶에 나타난 하나님의 은혜로 기억할 수단으로 사용했을 뿐만 아니라, 수 세대에 걸쳐 이런 실제를 가르치는 수단으로도 지켜 왔다. 이스라엘 조상들이 제단을 쌓음으로써 보여 준 모범처럼 하나님의 구원 행위를 기억하는 것은 ECP 문화의 한 부분이 되어야 한다.

---

9   이 말씀은 유대교에 따르면 십계명의 첫 번째 계명이 될 정도로 매우 중요하다.

또한, 이집트는 하나님의 백성에게 경고의 역할을 했다. 출애굽 이후 이집트의 기능은 이스라엘이 피해야 할 부정적인 본보기가 되었다. 예를 들면, 이집트인들이 이스라엘을 열악하게 대우한 것은 하나님의 백성이 이집트의 불공정을 다른 사람들에게 복제하는 것을 피하도록 상기시키는 데 사용되었다(출 22:21, 23:9; 레 18:3, 19:34, 36).

하나님의 메시지는 분명했다. 구속되고 해방된 백성은 이전 압제자들과는 확연히 다른 방식으로 새 삶을 살아야 한다는 것이다. 이것이 거룩함의 관계적 의미의 핵심이다.

(2) 은혜에 대한 응답

하나님의 선교 백성으로서의 정체성은 하나님의 은혜에 응답하여 의식적으로 사는 삶의 방식을 말한다. 구약성경의 출애굽에서 하나님의 정체성/미래를 변화시키는 행동들과 홍해의 승리는 세상을 위한 선교 국가인 이스라엘의 삶의 기초가 되었다. 애굽에서 하나님의 백성을 해방하고 언약을 세운 목표는 하나님과 이스라엘 사이의 활기찬 관계였다. 이를 통해 하나님의 백성은 하나님의 선교에 봉사하도록 거룩해지는 것이다.

특별히 성화의 필요성은 선교신학에서 매우 중요하다. 하나님의 백성으로서 우리를 지켜보는 세상 앞에서 거룩한 삶을 살지 않는다면, 우리는 결국 다른 하나님을 증거하게 될 것이다. ECP는 이스라엘과 동일한 위험에 직면해 있다. 구약성경에서 이스라엘은 열방 가운데 하나님의 유일한 대리자였다.

일터교회 개척자들은 일상과 일터에서 대안적 영성의 실천자들뿐만 아니라 점점 더 세속화된 사람들과 관계를 맺고, 상호 작용함으로써 그들에게 하나님의 성품과 마음을 반영해야 함을 잊지 말아야 한다.

구약성경의 경고는 이것이다. 즉, 하나님이 이스라엘에게 이집트를 제거하는 것보다 하나님이 이스라엘을 이집트에서 끌어내는 것이 더 쉬웠다는 것이다. 이것은 하나님의 능력의 한계를 나타내는 지표라기보다는 인간의 비타협성을 인정하는 것이다.

성경에서 이스라엘은 종종 완고하거나 '목이 뻣뻣한' 것으로 묘사된다 (출 32:9; 33:3, 5; 34:9; 신 9:6, 13, 10:16, 31:27; 왕하 17:14; 느 9:16-17; 렘 17:23). 이스라엘이 하나님의 백성으로서 충실하게 살기를 거부하고 무능하게 행동한 것은 열방에 대한 이스라엘의 간증을 무디게 했다. 이런 이스라엘 백성의 불성실과 불순종의 위험성은 ECP에게 분명한 증인의 역할을 해 준다.

그렇다면 오늘날 주님을 위해 산다는 것은 어떤 모습일까?

구약은 선교적 성결의 삶을 어떻게 구상하고 있을까?

출애굽기 19:5-6은 시내산에 있는 하나님의 백성에게 "진실로 하나님의 음성을 듣고 하나님의 언약을 지키라"고 권유한다. 은혜에 대한 응답은 신실한 순종이다. 신실함을 받아들임으로써 하나님의 백성은 모든 민족 가운데서 '하나님의 보배로운 소유'라는 새로운 정체성을 얻게 된다.

온 땅이 여호와께 속했으므로 하나님의 보배로운 소유인 이스라엘은 직업상 "왕 같은 제사장"과 "거룩한 나라"로 봉사하게 된다. "왕 같은 제사장"과 "거룩한 나라"라는 구절은 하나님의 백성이 된다는 것이 무엇을 의미하는지 이해할 수 있는 세 가지 핵심 주제를 던져 준다. 바로 선교, 공동체, 성결이다.

모세오경의 나머지 부분은 하나님의 백성이 어떻게 신실하게 살아야 하는지에 대한 세부 사항을 제공한다. 이 장의 나머지 부분에서는 이런 윤곽을 탐색하고 ECP에 대한 의미를 반영할 것이다. 구체적으로 우리는 하나님 사랑, 이웃 사랑, 그리고 안식일 준수와 같은 이스라엘의 윤리를 요약하는 구조인 십계명을 광범위하게 따라갈 것이다.

4) 이스라엘: 하나님의 새 인류 - 은혜에 응답하는 언약적 생활

예수님은 구약성경(마 20:37-40; 막 12:29-31; 눅 10:27)에서 가져온 두 가지 광범위한 진술에 호소하여 율법을 요약하셨다(레 19:12).[10] 우리는 이 두 가지 범주를 표제로 사용할 것이다. 우리는 또한 하나님을 사랑하는 것과 이웃을 사랑하는 것이 왜 우상 숭배/혼합주의 그리고 불의와 대립하는지를 탐구할 것이다. 마지막으로, 우리는 하나님과 이웃 사랑을 하나로 묶는 핵심 계명인 안식일을 살펴볼 것이다.

(1) 하나님을 사랑하라

하나님의 은혜로운 행동에 대한 일차적 반응은 오직 주님께만 헌신하는 것이다. 신명기 6:4은 이스라엘의 '유일한 분'이라는 의미에서 "여호와는 한 분"이라고 기록하고 있다.[11] 이 구절은 완전한 충성과 완전한 헌신의 의미를 내포한다. 주님은 다른 모든 '신'과 질적으로 다르며 구별되시고, 한결같은 충성과 헌신의 관계를 통해 하나님의 백성과 관계하신다는 것을 의미한다.

"여호와는 우리의 유일하신 분이시니"(신 6:4)에 대한 기대되는 응답은 사랑의 헌신과 신실함의 '온전한 존재'의 응답이다. 이것이 "네 마음을 다하고 목숨을 다하고 힘을 다하여 네 하나님 여호와를 사랑하라"(신 6:5)라는 명령의 의미이다.

이스라엘의 율법은 다른 신들을 숭배하고 우상을 만들고 하나님의 성품을 욕되게 하는 방식으로 하나님의 이름을 사용하는 것을 금지함으로써

---

10 S. Dean McBride, Jr., "Yoke of the Kingdom: An Exposition of Deuteronomy 6:4–5," Interpretation 27.3 (1973): 273–304; Cf. Scott McKnight, *Jesus Creed: Loving God, Loving Others*, 10th anniversary ed. (Brewster, MA: Paraclete, 2014).

11 R. W. L. Moberly, *Old Testament Theology: Reading the Hebrew Bible as Christian Scripture* (Grand Rapids: Baker Academic, 2013), 7–40 esp. 18–24. '유일한'의 번역에 대해 신명기 6:4과 아가서 6:9a을 비교하라.

이 헌신의 틀을 분명히 했다. 십계명 초기 율법은 이런 금지를 잘 요약하고 있다(출 20:2-7; 참조, 신 5:6-11).

모세오경의 다른 법률 자료에서도 하나님의 백성들을 신실한 길로 인도하는 이런 금지 사항들에 대해 좀 더 구체적으로 살펴볼 수 있다. "하나님을 사랑하라"라는 명령은 교회 개척자들이 순간순간 주님과의 관계에서 개인 및 사업 활동의 기초를 다져야 할 필요성을 강조하고 있다. 여기에는 '유일하신 분'에 대한 약속을 지키기 위한 거룩한 습관과 관행의 실현이 포함된다.[12]

(2) 대조: 우상 숭배의 위험

하나님을 사랑하는 것과 반대되는 것은 우상 숭배와 혼합주의이다. 이런 선택의 폭은 ECP에 경고의 역할을 한다. 일터교회 개척자들이 새로운 맥락에서 견인력을 얻으려고 할 때, 그들은 새로운 철학, 이데올로기 및 영성을 접하게 될 것이다. 고대 이스라엘 사람들처럼 열방에 대한 하나님 백성의 증거를 훼손하는 방식으로 주님을 예배하려는 유혹이 있을 것이다.[13]

이스라엘 역사를 읽어 보면 하나님의 백성이 여호와께 불성실한 방식으로 예배했다는 방대한 양의 자료가 있음을 알 수 있다. 금송아지(출 32-34장)로부터 시작해서 솔로몬이 이교도 아내들을 위한 예배 공간을 건축한 것(왕상 11:4-8), 산당과 거짓 숭배에 대한 남북 왕국의 지속적 투쟁(왕상 12-25장)까지, 상황적으로 의미 있는 방식으로 문화에 참여하여 여호와를 예배하려는 시도와 여호와의 유일성을 전복시키는 이교도들의 신앙으로 넘어가려는 지속적인 긴장이 있었다.

---

12 성경에 대한 지속적인 묵상이 가장 중요하다. 신 17:14-20; 수 1:1-9; 시 1, 19, 119편. 특히, 수 1:8과 시 1:3에서 토라에 대한 끊임없는 묵상을 권고하는 것을 주목하라.
13 Christopher J. H. Wright, "Reading the Old Testament Missionally" in Reading *the Bible Missionally*, ed. Michael W. Goheen (Grand Rapids: Eerdmans, 2016), 117-19.

이스라엘의 선지자들은 하나님의 백성이 다른 모든 사람과 구별되어 하나님에 대한 유일한 사랑을 실천하는 데 실패하는 것에 대해 설교했다.[14]

구약성경은 전통적으로 이교주의에 대항하는 보루 역할을 해 왔다.[15] 따라서 일터교회 개척자들은 이스라엘의 이야기가 아직 주님을 알지 못하는 나라와 문화 속에서 하나님의 백성이 되는 것의 어려움과 위험, 함정에 대해 알려 주는 경고에 귀를 기울여야 한다. 여기서 말하는 위험은 다른 신들, 영성, 세상 철학들과 비교되어 하나님의 유일성을 상실하는 것을 말한다.

크리스토퍼 라이트(Christopher Wright)는 다음과 같이 말한다.

> [신들]은 야웨와 관계가 없다. 그들은 그들의 숭배자들과 관련이 있는 어떤 것이다.[16]

그러므로 현명한 일터교회 개척자는 복음적이며 경제적으로 문화에 적극적으로 참여하는 동시에 자신의 '유일하신' 하나님께 온전히 충성하기로 결심해야 한다.

(3) 이웃 사랑

십계명의 후반부는 하나님의 백성이 다른 사람들과 어떻게 관계를 맺어야 하는지를 이해하기 위한 넓은 범주를 명시하고 있다. 부모 공경, 생명 보호, 결혼의 신성함 수호, 도둑질 금지, 법적 문제에서 진실성과 성실 요구, 사람과 재산에 대한 부당한 욕망 금지(출 20:12-17; 참조, 신 5:16-21)는

---

14 Russell, *(re)Aligning with God*, 64-65.
15 G. Ernest Wright, *God Who Acts: Biblical Theology as Recital*, Studies in Biblical Theology (London: SCM, 1952), 19-24. Cf. John D. Currid, *Against the Gods: The Polemical Theology of the Old Testament* (Wheaton, IL: Crossway, 2013); John Oswalt, *Called to Be Holy* (Nappanee, IN: Evangel, 1999), 9-20 and Wright, *Mission of God*, 136-88.
16 Wright, *Mission of God*, 139.

인간들과의 관계와 관련이 있다.

구약의 다른 법률 자료에서는 환경 정의, 소외된 사람(과부, 고아, 가난한 사람, 노예, 이민자)에 대한 대우, 노동 및 사업 거래에서 소비자 보호 문제를 다루기 위해 이를 확장한다(출 20:22-23:19; 레 17:1-26:2; 신 12:1-26:19).[17] 이스라엘 민족의 존재 의미는 분명하다.

주님을 '유일하신 분'으로 고백한다는 것은 세계에 대한 총체적 이해를 의미한다. 그 이해 안에서 하나님과 우리의 수직적 관계는 다른 사람들 및 전체 피조물과의 수평적 관계를 형성하고 영향을 미친다.[18] 하나님의 백성에게는 목적이 수단을 정당화할 수 없다. 하나님을 증거하는 것이 하나님의 거룩한 백성의 행실에 대한 최고의 관심사가 되어야 한다. 이것은 ECP에 심오한 영향을 미치며, 비즈니스 윤리를 정의하는 데 도움을 준다.

따라서 ECP의 주요한 목표는 단순히 이익만을 추구하는 것이 아니라 기업가적 노력의 모든 수준에서 비즈니스를 수행함으로써 하나님의 정의와 이웃 사랑을 증거하여 실제로 세상에서 하나님의 성품을 반영하는 기업이 되어야 한다는 것이다.

(4) 대조: 불의

이웃 사랑이 없는 곳에는 크고 작은 불평등이 있다. 구약성경, 특히 예언적 전통은 하나님의 백성이 다른 사람들, 특히 소외된 사람들에게 공의

---

17 어떻게 십계명이 영향을 주어 이스라엘의 광범위한 법률 자료들을 조직했는지에 대한 고찰은 십계명과 언약법전, 신명기의 문헌들을 참조하라. Childs, *Old Testament Theology*, 63-83; Dean McBride, Jr., "Polity of the Covenant People: The Book of Deuteronomy," *Interpretation* 41.3 (1987): 229-44; Dennis Olson, "The Jagged Cliffs of Mount Sinai: A Theological Reading of the Book of the Covenant (Exod 20:22-23:19)," *Interpretation* 50.3 (1996): 251-63; and Joe M. Sprinkle, "Law and Narrative in Exodus 19-24," *JETS* 47.2 (2004): 235-52.

18 구약의 윤리에 대한 더 광범위한 논의를 보려면 다음을 참조하시오. Waldemar Janzen, *Old Testament Ethics: A Paradigmatic Approach* (Louisville: Westminster John Knox, 1994) and Christopher J. H. Wright, *Old Testament Ethics for the People of God* (Downers Grove, IL: IVP Academic, 2011).

를 베풀지 못하는 것에 대한 충격적 비판을 제공한다. 한 가지 예를 들어, 선지자 아모스는 북왕국의 부유한 사람들에 의한 학대와 불공정을 나열한다(아 5:10-13).[19]

ECP의 경우 새로운 신앙공동체를 시작하는 이런 모델의 진정한 위험은 소외되고 가난한 사람들에 관한 관심 부족 또는 일터 내에서의 행위에 있어서 불의가 머리를 들게 할 위험이 있다는 것이다.

정의에 대한 구약성경의 비전은 일터에 참여하여 가난한 사람들에게 가까이 있든지 그렇지 않든지 ECP의 최전선에서 항상 정의 문제에 관심을 기울이라는 것이다. '이웃 사랑'(레 19:18)에 대한 부르심은 사회에서 소외된 사람들에게 하나님의 복을 확장하는 윤리를 구현하는 것까지 포함해야 한다.

(5) 안식일

안식일 계명은 십계명의 중심에 서 있다(출 20:8-11; 신 5:12-15; 참조, 창 2:1-3). 다시 말하면, 안식일은 하나님에 대한 사랑과 이웃에 대한 사랑에 관한 계명 사이의 다리라는 것이다. 안식일은 성경에서 첫 번째 창조 이야기의 절정으로 등장한다(창 2:1-3). 따라서 안식일의 포함은 ECP의 증인이자 경고로 포함하는 것이 특히 중요하다.

실재의 본질에 대한 증언과 증인으로서 기능은 매우 중요하다. 안식일은 인간의 문화가 형성되는 것과는 완전히 다른 세계의 삶의 방식을 제시한다. 구체적으로 말하면, 안식일은 인간의 활동과 생산성을 위한 인간의 시도를 방해하기 때문에 하나님의 백성에게 뚜렷한 정체성을 형성시켜 준다. 그리고 안식일은 인간의 노동이 목적도 끝도 아님을 상기시켜 준다. 차일즈(Childs)는 "[안식일]은 특별한 일을 위해 일주일에 하루를 따로 떼

---

19 불의에 대한 예언적 증거에 대한 검토는 다음을 참조하라. Bruce C. Birch, *Let Justice Roll Down: The Old Testament, Ethics, and the Christian Life* (Louisville: Westminster John Knox, 1991), 240–74.

어놓는 정상적인 노동 활동의 중단을 전제로 한다"라고 주장한다.[20]

또한, 안식일은 하나님의 은혜와 선하심을 증거한다. 인간은 스스로 안식일을 만들거나 창조할 수 없다. 우리의 분주함이 안식일을 명확하게 만들어 내는 것은 아니다. 안식일은 하나님의 선물이다.

발데마르 잔젠(Waldemar Janzen)은 다음과 같이 말한다.

> 이것은 은혜의 역설이다. 인간이 하나님을 위해 할 수 있는 가장 중요한 일은 무엇이든 하려고 하지 않는 것이다. … 안식일은 무엇보다도 인간이 하나님을 하나님으로 여기는 것이다. 안식일은 종교 활동과 성취를 포함하여 노동과 성취를 통해 세상을 관리하려는 인간의 모든 시도를 중단하라는 요청이다.[21]

안식일은 또한 ECP에 휴식, 회복 및 예배의 필요성에 대한 경고를 제시한다. 본질적으로 ECP는 인간 활동으로 가득하다. 그것은 일상에 대한 활발한 참여와 선교 증거에 대한 헌신을 전제로 한다. 이런 활동들은 24시간 연중무휴로 사람들의 관심을 쉽게 소모할 수 있다.

안식일은 활동에 초점을 맞춘 세상에 대한 선물이다. 그 메시지는 분명하다. 엿새 동안 일하고 일곱째 날을 쉬는 날로 여호와께 바치는 것이다. 그것은 노동과 노력이 최고의 가치가 아니라는 신호이다. 삶은 휴식에서 작업으로 가는 것이 아니라 작업에서 휴식으로 나아가는 것이다.

이런 시간 개념은 휴식과 여가가 단순히 더 많은 활동과 일을 준비하기 위한 휴식 시간이나 비수기로 생각하는 현대인들의 생활을 완전히 바꿔 놓았다.

---

20 Brevard S. Childs, *The Book of Exodus: A Critical, Theological Commentary*, Old Testament Library (Louisville: Westminster John Knox, 1974), 416.
21 Waldemar Janzen, *Exodus, Believer's Church Bible Commentary* (Harrisonburg, VA: Herald Press, 2000), 258.

안식일은 하나님 백성의 일에 관한 것 외에도 그들의 정체성을 나타낸다. 안식일은 끝 또는 목표이다. 따라서 ECP는 하나님을 위한 사역이지만 이 모델에 참여하는 사람들은 우리의 세상, 우리의 사역, 그리고 우리의 소명보다 더 큰 하나님이 계신다는 것을 세상에 증거해야 한다. 우리는 삶의 리듬 일부로 안식일을 실천함으로써 이것을 증거해야 한다.[22]

마지막으로 아브라함 헤셸(Abraham Heschel)의 말을 인용하려고 한다.

> 낮의 거룩함에 들어가고자 하는 사람은 먼저 떠드는 상거래, 수고의 멍에를 메는 불경한 것을 내려놓아야 한다. 그는 불협화음의 날들, 탐욕의 초조함과 분노, 그리고 자기 삶을 횡령하는 배신감에서 떠나야 한다. 그는 육체 노동에 작별을 고하고 세상이 이미 창조되었으며 인간의 도움 없이도 살아남을 것을 이해하는 법을 배워야 한다.
>
> 일주일에 엿새 동안 우리는 세상과 씨름하며 땅에서 이익을 얻는다. 안식일에 우리는 특히 영혼에 심어진 영원의 씨를 돌본다. 세상은 우리의 손을 가지고 있지만, 우리의 영혼은 다른 누군가의 것이다. 일주일에 엿새는 세상을 지배하려고 노력하고, 일곱째 날에는 자아를 지배하려고 노력한다.[23]

4. 나가는 말

구약성경은 하나님의 백성이 다른 사람을 축복하고 하나님의 성품을 반영하는 선교적 소명을 실천하는 윤리의 관점에서 ECP에 많은 정보를 제공한다. 또한, 구약성경은 '유일하신' 참 하나님의 실재를 보여 줌으로써

---

22 안식일에 대한 유용한 현대적 소견을 보려면 다음을 참조하라. Dan B. Allender, Sabbath, Ancient Christian Practices (Nashville: Thomas Nelson, 2009).

23 Abraham Heschel, The Sabbath. Introduction by Susannah Heschel. FSG Classics (New York: Farrar Straus Giroux, 2005), 13.

열방 가운데서 하나님의 거룩한 백성으로 살기 위한 핵심 기반을 제시해 준다. 이제 다음 장에서는 ECP의 실행에 대한 가장 유사한 비유를 신약성경에서 찾아볼 것이다.

제3장

예수님의 이전 일과 그 이면에 놓인 비즈니스

(프레드릭 J. 롱)

1. 서론

예수님의 사역 전면에 교회의 사역이 있었다면, 이면에는 비즈니스가 있었다. 일을 훌륭하게 수행한 것이 그분의 증거이고, 그분이 자기 일을 완수함으로써 훌륭하게 증거하셨다. 예수님은 젊은 시절에 육신의 아버지(요셉)를 대신해서 일하셨다.

따라서 그분의 가르침에는 재물, 자원, 그리고 탁월한 사업 방법에 관한 깊은 관심과 친숙함이 담겨 있다. 그 당시 갈릴리 지역은 비교적 안정되어 있었고, 어업, 농업, 올리브유, 그리고 대규모 도시 건설 프로젝트에 필요한 자원 공급 등으로 교역이 발전하고 있었다.

바로 이런 맥락에서 예수님은 하나님 나라의 도래와 희년에 관한 이사야가 예언한 환상의 성취를 선포하셨다. 예수님은 노동의 가치를 확증하셨다. 그리하여 그분은 인간이 하는 일과 하나님 나라의 기쁜 소식을 선포하는 일 모두를 변화시키셨다.

중요한 점은 예수님이 어업과 세금을 징수하는 자들(적어도 5명)과 어울리셨다는 것이다. 또한, 여성 측근들은 자신들의 자원을 바쳐서 재정적으로 예수님을 섬기고 있었다. 그들은 하나님의 은혜에 대한 응답으로 은혜롭게 베푸는 하나님 나라의 가치를 보여 주었다.

또 다른 중요한 점은, 예수님의 사역과 제자도는 비즈니스를 반대하지 않았다는 것이다. 오히려 예수님은 유대 경전과 문화에 따라 선한 일과 유익한 사업을 가치 있게 여기셨고 이를 격려하셨다.

고대의 비즈니스 '기회'는 오늘날 우리와는 매우 달랐지만, 예수님은 정의롭고 선한 비즈니스 행위들을 지지하셨다. 또한, 예수님은 형평성, 기회 및 정의에 대한 비즈니스적 관점뿐만 아니라 도전에 직면하고, 창의적으로 생각하며, 끈기 있게 인내하며, 건설적 노동을 수행하는 근로자들의 관점들을 모두 반영하는 정의로운 비즈니스 관행들도 장려하셨다.

따라서 나는 갈릴리에서의 예수님의 생애와 사역의 맥락에 대한 세 가지 문제적 견해(일부는 널리 퍼진 신화들까지)에 대해 논의하기 원한다. 아래의 주장들은 이런 주제들에 대한 추가적 견해들로 구성되어 있다.

첫째 신화, 갈릴리 지역은 수많은 이방인이 사는 유대의 척박한 지역이었다. 오히려 갈릴리는 헤롯 안티파스(Herod Antipas)가 세운 세포리스(Sepphoris)와 티베리우스(Tiberius)와 같은 로마 계획도시의 새로운 건설로 활력을 얻었다. 또한, 다양한 상업(어업, 직물, 도자기, 올리브유)이 성장하는 정치적으로 안정적인 농업 지역이었다. 또한, 이 지역에는 동부 해안의 데가볼리 지역에 사는 이방인들과 지속해서 상업 교류하는 유대인들이 주로 거주했다.[1]

둘째 신화, 예수님은 가난한 목수이셨다. 오히려 그분은 건설 현장에서 돌과 나무를 사용해 일하는 건축업자이셨다. 예수님의 가르침은 단순한 목공이 아니라 건물 전반에 대한 광범위한 지식을 보여 준다.[2] 더욱이 예수님의

---

1 Morten Hørning Jensen, "Rural Galilee and Rapid Changes: An Investigation of the Socio-Economic Dynamics and Developments in Roman Galilee," *Biblica* 93.1 (2012): 43-67.
2 다음의 논평을 참조하시오. Ken M. Campbell, "What Was Jesus' Occupation?" *JETS* 48 (2005): 501-19, 그리고 그의 결론은 p. 512에 있다.

가족은 경제적 하층민이 아니라 광범위한 경제 스펙트럼의 중간에 있었다.

셋째 신화, 예수님의 사역의 소명 승격은 기업과 정부의 소명을 두 번째 등급으로 격하시킨 것이다. 오히려 예수님은 하나님 나라 소관 아래 새로운 움직임을 시작하셨다. 이 운동을 위해 새로운 제자들을 준비시키시면서 소명의 각 영역을 확증하셨다. 예수님은 새 포도주를 가지고 계셨기에 새 부대가 필요하셨다.

2. 갈릴리

갈릴리 지역은 예수님 시대에 헤롯 안티파스의 정치적 통제하에 로마가 지배하는 유대의 북쪽에 자리 잡고 있었다. 이 지역은 2천 제곱마일 넓이로 구성되어 있었다.

유대인 역사가 요세푸스(Josephus)에 따르면, 갈릴리의 유대인 장군이 로마와의 전쟁 초기에 이곳을 빼앗겼으며, 그 당시 인구는 약 2-3백만 명으로 추정된다.[3] 이런 인구 수치는 매우 높아 보이지만 갈릴리에는 200개가 넘는 성읍이 있었고 수천 명의 농업 일꾼들이 일 년 내내 필요했다.

요세푸스는 갈릴리와 그 주변 지역의 비옥함에 대해서 매우 빛나는 용어들로 묘사했다(JW 3. 506-21). 바다에는 여러 종류의 물고기가 있었는데, 그중 하나는 코라신 물고기로 식별되며, "의심할 여지 없이 틸라피아 종류의 시클리드 물고기"로 보인다.[4]

---

[3] 갈릴리에는 204개 성읍(아마도 맞음)이 있고 가장 작은 성읍에는 15,000명(틀림)이 있다는 요세푸스의 주장을 곱하면 3,000,000이라는 숫자가 나올 수 있다.

[4] Theodore Gill, *Contributions to the Life Histories of Fishes* (Washington: Smithsonian Institution, 1909), 518.

북쪽 도시 벳새다는 '물고기의 집'으로 알려졌으며, "남쪽의 타리케아 도시는 생선 공장으로 여겨졌다."[5] 이는 헬라어 '타리크세이아이'(ταριχεῖαι) 곧 '소금에 절인 생선 공장'에서 유래되었다.[6] 이 마을은 히브리어로 '마그달라 눈나야'(Magdala Nunayya) 곧 '물고기의 막달라'였으며 막달라 마리아의 고향이었다.[7]

요세푸스는 그 땅이 "모든 종류의 나무가 자랄 수 있을 만큼 비옥한 땅"이라고 묘사했다. 그래서 주민들은 호두, 야자나무, 발삼 그리고 무화과 등 온갖 종류의 나무를 심었다. "이는 사람들의 예상을 뛰어넘을 만큼 다양한 종류의 가을 과일이었으며 오랫동안 보존도 가능했다. 일 년 중 열 달은 포도와 무화과가 났고, 나머지 달에는 다른 열매들이 잘 익어서 일 년 내내 풍족했다."[8] 또한, 석류와 감람나무 열매와 아마씨를 포함한 다양한 종류의 곡물들도 있었다.

북쪽 갈릴리 윗부분에는 더 많은 유대인이 살았다. 가장 중요한 두 도시인 가버나움(Capernaum)과 벳세다(Bethsaida)가 있었다. 갈릴리 아래쪽은 그레코-로마 문화의 영향을 더 받은 지역이 있었다. 나사렛은 갈릴리 아래쪽에 있었고 4마일도 채 안 되는 거리에 세포리스(Sepphoris)가 두 개의 주요 도로를 따라 있었다.

헤롯 안티파스는 세포리스를 재건했는데, 헤롯이 황제의 이름을 따서 지은 바다를 따라 AD 19-20년쯤에 티베리우스(Tiberius)라는 도시를 건설할 때까지 갈릴리의 정부 소재지였다(요 6:1; 21:1).[9]

---

5   Spiros Zodhiates, 'Γαλιλαία', *The Complete Word Study Dictionary: New Testament* (Chattanooga, TN: AMG, 2000), s.v.
6   Henry George Liddell et al., A *Greek-English Lexicon* (Oxford: Clarendon, 1996), 1758.
7   August Merk, "Magdala," *The Catholic Encyclopedia*, Vol. 9 (New York: Robert Appleton, 1910), 2017년 11월 28일 접속 ⟨http://www.newadvent.org/cathen/09523a.htm⟩.
8   William Whiston, trans., *The Works of Josephus: Complete and Unabridged* (Peabody, MA: Hendrickson, 1987), 662.
9   Jordan Ryan, "Tiberias," *The Lexham Bible Dictionary* (Bellingham, WA: Lexham, 2016), np

이 두 주요 도시의 예술적이며 로마적인 특징들은 상업을 장려하고 상대적인 부와 안정성을 가져왔으며, 이 지역의 정착촌이 눈에 띄게 증가한 증거를 보면 상당한 성장이 있었다는 것을 알 수 있다.[10]

마찬가지로 마을의 고고학적 발굴은 이런 성장과 다양한 비즈니스의 존재를 입증시켜 주었다. 예를 들어, 가나(Cana)는 석유 및 섬유 생산 그리고 유리 공예를 주로 생산했고, 요데파트(Yodefat)는 올리브유, 도자기, 그리고 직물을 생산했으며, 감라(Gamla)는 올리브유 추출 공장, 밀가루 공장과 상점이 있는 상업적인 마을이었다.[11]

따라서 모튼 호닝 젠슨(Morten Hørning Jensen)은 이렇게 결론짓는다.

> 고대 갈릴리 사람들은 농업 영역에서 가장 잘 자라나는 것을 재배했으며 도시의 무역과 시장에 의존하여 다른 필요들을 공급받았다. 도시와 농촌의 관계는 생각했던 것보다 더 긴밀한 상호 작용이 있었다는 것을 알 수 있다.[12]

룻다(Lydda), 욥바(Joppa), 가이사랴(Caesarea), 더 북쪽에 있는 프톨레마이스(Ptolemais), 두로(Tyre), 시돈(Sidon), 그리고 안디옥(Antioch)과 같은 지중해 서부 해안을 따라 있는 항구 도시들은 상품 운송을 도왔다. 이런 이유로 갈릴리는 상업의 교차로였다.

"동쪽과 서쪽의 주요 교역로를 사이에 끼고 있었기 때문에 갈릴리 지역은 넓은 제국의 삶에서 절대 고립되지 않았다. 예수님은 이곳에서 유대인들이 아닌 여러 사람과 어울리셨고, 의심할 여지 없이 헬라인과 로마인의 사상과 자국민의 종교적 유산에 대해 생각하고 이야기하는 데 많은 시간

---

10   다음을 참조하시오. Jensen, "Rural Galilee," 50-55.
11   Jensen, "Rural Galilee," 58-59.
12   Jensen, "Rural Galilee," 61.

을 보내셨다."¹³

예수님의 주요 활동지인 갈릴리 바다에 있던 가버나움은 상업적으로 가능성이 많은 지역이었고 인구는 1만 명 정도 되었다. 가버나움은 로마 전초기지(마 8:5-13)이며 세관(마 2:14)이기도 했다.¹⁴

갈릴리는 예수님이 말씀하신 비유와 기적에 대한 문맥과 그 내용을 제공한다. 기록된 32개의 비유 중 19개가 이곳에서 언급되었고, 33개의 기록된 기적 중 25개가 이곳에서 이루어졌다.¹⁵ 따라서 갈릴리의 상업 환경은 예수님이 자라 오신 배경 및 무역(바로 아래에 있는), 그리고 직업과 행하신 일들을 이해하기 위한 중요한 맥락을 제공한다('4. 예수님의 희년, 직업, 그리고 사역'을 참조하라).

3. 예수님의 가정 교육과 비즈니스

예수님의 가족은 노동자 계급과 가장 가까운 계급에 속해 있었는데, 이는 그분의 가르침에 영향을 미쳤다.¹⁶ 복음서에는 일터에서 일하시는 예수님에 대한 직접적 설명은 없지만 추론할 수는 있다. 예수님의 고향 사람들은 예수님의 '일자리 변화'에 대해 의아해한다.

> 이 건축가는 마리아의 아들, 야고보와 요셉, 유다, 시몬의 형제가 아닌가 그의 자매들이 우리와 함께 여기 있지 아니하냐(막 6:3).

13　John William Drane, *Introducing the New Testament,* rev. ed. (Oxford: Lion, 2000), 51.
14　R. T. France, *The Gospel of Mark: A Commentary on the Greek Text. New International Greek Testament Commentary* (Grand Rapids: Eerdmans, 2002), 101.
15　Henry W. Holloman, "Galilee, Galileans," *Baker Encyclopedia of the Bible* (Grand Rapids: Baker, 1988), 836.
16　Campbell, "What Was Jesus' Occupation?," 517. 캠벨(Campbell)은 예수님의 언어를 조사하면서 이렇게 결론지었다. "이것은 일부 번역가에게는 달갑지 않은 소식일 수 있지만, 경영 및 고용에 대한 그의 언급을 고려할 때 이런 인식은 더욱 강화된다."

헬라의 수사학적 질문은 이 말씀에 대해 '예'라는 대답을 기대한다. 마가는 "그리고 그들은 그분을 배척했다"라고 결론을 내렸다. 마태는 "이는 그 목수의 아들이 아니냐"(마 13:55)라고 질문을 던진다. 여기에 암시된 것은 예수님은 여느 전형적인 아들처럼 아버지에게서 일을 배우셨다는 것이다. "아들"의 헬라어 단어 "테크논"(τέκτων)은 보통 돌과 나무로 작업하는 건축자를 일컫는다.[17]

2세기에 출연한 야고보서 9:3에서는 요셉이 건물을 건축한 사실을 보여 준다.[18] 위에서 볼 수 있듯이, 예수 시대의 나사렛이 포함된 갈릴리는 활발한 농업과 대규모 건축 공사를 즐겨 했음을 알 수 있다.

재건된 세포리스 마을은 예수님이 아버지 밑에서 건축업자로 수련을 하시는 중에도 본격적인 건설이 진행되고 있었다. 예수님과 요셉은 세포리스로 걸어가서(편도로 1시간) 그곳에서 다양한 건설 공사를 진행했다고 생각하는 것은 무모한 생각이 아니다.[19]

---

17 다음을 참조하시오. BDAG, s.v. and James Hope Moulton and George Milligan, *The Vocabulary of the Greek Testament* (London: Hodder and Stoughton, 1930), 628–29.
18 이 의견과 약간의 상반 관계에 있는 것이 2세기 중반의 순교자 저스틴(Justin Martyr)의 주장이다. 그는 예수님이 사람들 사이에 사실 때 "쟁기와 멍에를 만드셔서 이를 통해 의/정의의 상징과 활동적 생활 방식을 가르치셨다"라고 말했다(대화 88.8, 내 번역). 저스틴은 예수님이 하신 일을 분명히 가치 있게 여기고 평화로운 일이라고 이해했다. 그러나 예수님이 쟁기와 멍에를 만드신 이유는 무엇일까? 문맥과 다른 곳에서, 저스틴은 예수님과 예루살렘에서 퍼지는 하나님의 말씀이 이사야 6:3-4(참조, 미 4:1-3)을 성취한다고 설명한다. 즉, 평화와 그들의 칼을 보습으로 바꾸는 것(First Apology 39.1; Dialogue 109.2; 110.3). 건축자이신 예수님은 농기구도 만드실 수 있었다. 또한, 예수님이 직업적으로 쟁기에 초점을 맞추신 것에 대한 저스틴의 견해는 예수님이 평화를 가져오기 위해 이사야 6:3-4을 성취하신다는 그의 이해에서 알 수 있음이 분명하다.
19 Eric Meyers, "Jesus Probably Trilingual" transcript from Jesus' Social Class produced for Frontline at https://www.pbs.org/wgbh/pages/frontline/shows/ religion/jesus/social-class.html accessed 12-12-2017. 마이어스는 "안티파스가 활동하던 당시 세포리스에서 예수님이 실제로 일하셨을 가능성이 매우 높으며, 의심의 여지가 없을 것이다"라고 말했다.

클라우스 디이터 이슬러(Klaus Dieter Issler)는 예수님이 하나님의 나라가 임했다고 공식적으로 선언하기 전에 적어도 18년 동안(12세에서 30세 사이) 건축업에 종사하셨다고 계산한다.[20]

이와 관련하여 건축 관행에 대한 예수님의 방대한 지식은 이를 뒷받침한다. 켄. M. 캠벨(Ken M. Campbell)은 다음과 같이 주장한다.

> 일상생활에 대한 예수님의 설명은 … 먹고 마시는 것, 상업, 농업, 특히 건물을 짓는 것과 같은 인간 활동을 언급하셨다.

캠벨이 정리하고 제공한 수많은 사례에는 건물(눅 17:28), 헛간(눅 12:18), 망대(마 21:33; 눅 13:4; 14:28-30), 포도원(마 20:1), 집(마 7:24-27; 요 14:1-14), 왕궁(눅 7:25), 여관(눅 10:34), 성전(마 23:35; 요 2:21), 토성(눅 19:43-44), 도시(마 5:14); 지붕(마 10:27, 24:17), 골방(개인적인)(눅 12:3), 창고(마 13:52), 다락방(막 14:15), 객실(눅 22:11), 예식장(마 22:10), 뜰(마 26:3; 요 10:16), 관정(마 12:29, 24:43); 아궁이(마 6:30), 가마(마 13:42, 50), 화장실(마 15:17), 무덤(마 23:27-29), 맷돌(마 18:6; 눅 17:1-2), 토성(눅 19:43), 울타리(마 21:38), 마구간(눅 13:15), 우물(눅 14:5), 입구(요 10:9), 문(마 7:13-14), 타작마당(마 3:12), 포도주 틀(마 21:33), 그리고 포도주 통(마 12:1)이 있다.

흥미롭게도 우리는 나무에 대한 몇 가지 언급을 찾을 수 있다.

들보/조각(마 7:3-5), 젖은 나무와 마른 나무(눅 23:31), 그리고 아마도 (나무) 문(마 7:13-14)이 있다.

이런 참고 구절들은 건축을 드러내고 있다.

캠벨은 다음과 같이 결론지었다.

20　Klaus Dieter Issler, *Living into the Life of Jesus: The Formation of Christian Character* (Downers Grove, IL: IVP, 2012), 190.

건축업에 대한 이 모든 사실을 고려해 봤을 때 예수님이 건축에 관여하셨다는 결론을 거부하기는 어렵다.[21]

그렇다면 예수님의 직업에서 온 경험들은 예수님의 직업과 직업에 대한 이해에 관해 어떤 영향을 미쳤을까?

예수님의 삶은 히브리어 성경과 어떤 관련이 있었을까?

4. 예수님의 희년, 직업, 그리고 사역

예수님의 소명의 가장 중요한 기초는 성경의 성취, 특히 희년에 대한 이사야 비전의 성취에 있다. 나사렛 회당에서 우리는 예수님의 공적 사역의 시작을 볼 수 있다(눅 4:18-19). 그곳에서 예수님은 이사야서 61:1-2을 크게 읽으시고 이사야의 희년, 곧 주님의 은혜로운 해의 성취를 선포하셨다.

> 주 여호와의 영이 내게 내리셨으니 이는 여호와께서 내게 기름을 부으사 가난한 자에게 아름다운 소식을 전하게 하려 하심이라 나를 보내사 마음이 상한 자를 고치며 포로된 자에게 자유를, 갇힌 자에게 놓임을 선포하며, 여호와의 은혜의 해와 우리 하나님에 보복의 날을 선포하여(눅 4:18-19).

예수님은 "이 글이 오늘 너희 귀에 응하였느니라 하시니"(눅 4:21)라고 말씀을 마치셨다.

이사야는 여기서 종말론적 희년을 "여호와의 은혜로운 해"라고 묘사한다. 희년은 레위기 25장에 쓰여 있으며 50년마다 이스라엘 땅에 대속죄일

---

21 Campbell, "What Was Jesus' Occupation?," 517-18, with quote at 518. 나는 캠벨이 제공하는 헬라어 단어를 제거하고 이 목록을 약간 편집했다.

이 공포되었다(레 25:9). 이사야와 예수님이 희년이 실현될 것을 어느 정도까지 구상했는지는 불확실하지만, 예수님은 이 땅에 오심으로 희년을 성취하셨다. 레위기는 재정적 이유로 손실된 모든 토지/재산을 원래 가족들에게 돌려주어 그들이 다시 일할 수 있도록 희년을 공표했다.

희년은 토지 소유를 계속 유지해 다른 사람의 희생을 강요하며 그들로부터 가능한 모든 것을 짜내는 대신, 하나님의 모든 백성이 각자 자신의 이익을 위해 자신의 땅을 일굴 새로운 기회를 부여하는 축하의 장이 되었다. 희년에는 빚이 있는 사람들을 탕감해 줌으로 생산적인 일과 더 나은 좋은 것들을 끌어냈다.

구약 시대에 왕들은 이집트의 프톨레마이오스(Ptolemy VII) 8세처럼 "부자들을 몰아내고 가난한 사람들의 호의를 얻기 위해" 통치를 시작함과 동시에 백성들의 죄와 금전적 부채를 탕감해 주고 용서해 주겠다고 선언했다.[22] 구약 시대의 유대교 쿰란공동체(기원전 2세기에서 기원후 1세기 중반)는 희년(11Q 멜기세덱)을 성취할 멜기세덱 같은 메시아적 인물을 기대했다.

아마도 쿰란의 가르침과 전통에 영향을 받은 세례 요한은 예수님의 오심을 준비하기 위해 죄의 용서를 선언했던 것 같다(막 1:4; 눅 3:2). 마태복음과 마가복음에서 예수님은 하나님 나라의 통치가 시작되었음을 선포하셨다.

> 회개하라 하나님의 나라가 가까왔느니라(마 4:17; 막 1:15).

그러나 누가복음에는 이런 예수님의 직접적 선포는 없다. 대신 누가는 이사야서를 읽고 예수님의 사역을 거기에 묘사된 희년으로 선언했다. 뒤

---

22 Lois Tverberg, *Reading the Bible with Rabbi Jesus: How a Jewish Perspective can Transform your Understanding* (Grand Rapids: BakerBooks, 2017), 227. 나는 Qumran Pesher 문서 11QMelchizedek에서 볼 수 있듯이 다가오는 메시아와 함께 희년을 조사하기 위해 트베르베르그(Tverberg)에게 빚을 졌다.

이어 누가복음에서 우리는 이사야의 희년이 특히 예수님의 은혜와 좋은 소식을 받은 가난한 사람들에게 성취되었음을 보여 주는 반복된 진술과 암시를 만나게 된다(눅 6:20; 7:22; 14:21; 16:20, 22; 18:22, 19:8, 21:3).

당연히 이사야의 희년을 성취하는 예수님의 역사(병고침, 말씀 선포, 가난한 사람들의 문제 해결)는 하나님 나라의 재정적 및 사업적 가치, 특히 비유들(다음 장에서 설명됨)에 대한 예수님의 가르침과 일치한다.

예수님의 비유를 보기 전에 먼저 '일'과 관련된 몇 가지 용어를 정의하는 것이 중요하다.[23]

달라스 윌라드(Dallas Willard)에 따르면, '직업'은 사람이 생계를 유지하기 위해 자원을 얻는 것의미한다.

'사역'은 하나님께서 각 사람에게 특별히 그리고 구체적으로 행하라고 위임하신 것이다. '일'은 사람이 행동하고 획득하는 모든 것의 총체로 구성되어 있으며, 이는 직업과 사역을 모두 포괄한다. 그리고 한 사람의 '인생'은 자신의 직업, 사역 및 일을 포괄하는 모든 것을 의미한다.[24]

최근 기독교적 신앙과 관련하여 '일'에 대해 생각하고 설명하는 데 관심이 집중되고 있다.[25]

이와 관련하여 대럴 코스트(Darrell Cosden)는 일에 대한 매우 적합한 정의를 보여 주었다.

---

23 이 섹션에서 이슬러가 사용한 토론과 출처에 특히 감사한다. Issler, *Living into the Life of Jesus*, 184–221.
24 Dallas Willard, "Some Steps Toward Soul Rest in Eternal Living," Biola University Faculty Workshop, August 17, 2011, 다음 책에서 다루어지고 토론되었다. Issler, *Living into the Life of Jesus*, 186.
25 이 장에 인용된 작업 외에도 https://tifwe.org/resource/에서 제공되는 신앙, 노동, 경제 연구소 및 리소스를 참조하라. 또한, 다음을 보라. Issler, *Living into the Life of Jesus*, 185와 Michael Novak, *Business as a Calling: Work and the Examined Life* (New York: Free Press, 1996), John Schneider, *The Good of Affluence* (Grand Rapids: Eerdmans, 2002), Wayne Grudem, *Business for the Glory of God* (Wheaton, IL: Crossway, 2003), 그리고 Kenman Wong and Scott Rae, *Business for the Common Good: A Christian Perspective for the Marketplace* (Downers Grove, IL: InterVarsity, 2011).

인간 노동은 본질적으로 그리고 역동적으로 상호 연관된 도구적, 관계적, 존재론적 차원으로 구성된 변형적 활동이다. 이로써 노동 자체가[존재론적] 목적이 됨과 함께 노동자와 타인의 필요가 섭리적으로 충족된다. 성도의 성화는[도구적]으로 이루어진다. 그리고 노동자들은 자연적, 사회적, 문화적 환경을 구축하면서 인간다움을 표현하고 탐구하고 발전시켜 이 세상과 곧 오게 될 세상에 질서에 보호적이고 생산적으로 기여한다[관계적으로].[26]

간단히 말해서 일에서 사람을 제거할 수는 있겠지만 그 사람에게서 일을 제거할 수는 없다는 말이다. 인간은 생산적이고 존귀하며 필요를 채워주고 하나님을 영화롭게 하는 일을 하도록 창조되었다.

여기에서 알아야 할 것은 우리의 이해를 돕기 위해, 예수님은 코스덴(Cosden)이 정의한 '일'이라는 단어의 의미처럼 그분의 일생에서 그 일을 구현하시고, 보이셨다.

요한복음은 '일'과 '행위'라는 주제가 반복되기 때문에 이것을 이해하는데 특별히 도움이 된다. 예수님께 하나님의 뜻을 성취하고 그 일을 하는 것은 그분의 '양식'이었다(요 4:34; 참조, 5:20, 36; 17:4; 19:28, 30).

다른 사람들에게 일은 온전히 하나님을 신뢰하는 것이며(요 6:28-29), 하늘에서 내려온 양식/떡인 예수님을 받아들이는 것이다(요 6:30-69; 14:10-13). 중요한 것은 이 내용이 궁핍한 사람들을 기적적으로 먹이시는 문맥과 연결된다는 것이다(요 6:1-14, 26).

또한, 예수님은 다른 사람들이 이룬 사역에 참여하는 것에 대해 호의적으로 말씀하신다(요 4:35-38). 문맥상 이 사역은 예수님에 대한 사마리아 여인의 간증을 말하고 있다(요 4:28-30, 39-42). 여기서 예수님은 마치 진짜 떡을 먹는 것을 자기 자신을 먹는 일(요 6장)로 비유하여 말씀하신 것처럼, '수

---

26 Darrell Cosden, *A Theology of Work* (Eugene, OR: Wipf & Stock, 2006), 178-79.

확하는 일'과 '전도하는 일'을 은유적으로 말씀하셨고, '물고기를 낚는 일'을 '사람을 낚는 일'로, 그리고 '사람을 낚는 어부'가 되라고 말씀하셨다 (막 1:17).[27]

여기서 주의해야 할 것이 있다. 예수님의 비유 목적은 소득이 있는 직업을 전도 사업으로 종속시키거나 심지어 대체하려는 것이 아니다. 오히려 인간의 기본적 필요와 소득을 긍정적으로 평가하여 전도 사역에 활력을 주려는 것으로 이해하는 것이 더 나을 것이다. 실제로 둘 다 육체적으로나 영적으로 생계를 제공하는 일이기 때문이다.

다시 말해서, 우리의 필수적이고 일상적인 생계를 유지하는 일은 우리가 믿고, 또한 다른 사람들이 믿게 하는 일(전도)과 은유적으로 관계가 있다는 것을 보여 준다. 따라서 전도함에는 정직하고 선한 노동의 가치가 배어 있어야 하며, 이는 육체 노동이 어떤 식으로든 줄어드는 것이 아니라 오히려 그것이 행해지며 가치가 있다고 평가되고 있다.

그러므로 예수님은 우리의 직업을 복음과 분리하여 나누지 않으시고 효과적으로 결합하셨다. 전도는 생계를 유지하는 일의 가치를 가지고 있으며, 우리의 직업은 사역과 마찬가지로 여겨지므로 하나님의 역사하심을 통해 그 사역을 평생 수행하여야 한다는 것이다.

이 후자에 의견에 대해 켄 엘드레드(Ken Eldred)는 우리의 일과 사역에 세 가지 측면을 명확하게 하는 데 도움을 준다.

- **일터에서의 사역**: 우리 주변에 있는 사람들을 하나님께로 인도함(전도의 증거)
- **일의 사역**: 일 자체를 통해 섬기고 창조해 내는 것(우리 직업의 생산성)

---

27   이 은유와 그 의미에 대한 논의는 다음을 참조하시오. Blake Wassell and Stephen Llewelyn, "'Fishers of Humans,' the Contemporary Theory of Metaphor, and Conceptual Blending Theory," *JBL* 133 (2014): 627–46.

- **일하기 위한** 사역: 업무, 정책, 구조를 회복하는 것(하나님 나라의 가치를 사역에 반영하기 위해 우리의 직업에 현장을 변화시키는 것).[28]

이것이 의미하는 바는 희년에 대한 이사야의 비전을 예수님이 성취하심으로써 복음 안에서 인간의 모든 일들이 구속된다는 것이다.

이와 관련하여 이슬러(Issler)는 예수님 시대에도 존재했고 오늘날에도 존재하는 다양한 직업 군을 다음과 같이 구분한다.

- 공적 기업: 정부를 위해 일하는 기관
- 사적 비영리단체: 예산의 전부 또는 일부를 기부에 의존하는 시민, 도덕 및 종교단체
- 사적 영리단체: 시장의 다양한 중소기업[29]

이슬러는 예수님이 각 부문에서 노동을 분명히 가치 있게 여기셨다고 주장한다. 예를 들면, 예수님은 신자들이 세금을 냄으로써 공적 정부의 역할을 받아들이고 지지하셨다(마 17:24-25; 22:17-21; 참조, 롬 13:1-7)라고 여길 수도 있지만, 이 언급이 각 부문이 비판으로부터 면제부를 받는 것을 의미하는 것은 아니다.

예수님은 실제로 각 부문을 비판하셨다.

예를 들어, 예수님은 제자들에게 '직권자'(눅 22:25-26)라고 불리는 '백성을 다스리는' 공직자들처럼 되지 말라고 명하셨다. 여기에서 문제가 되었던 것은 정치적, 재정적 직권자들이 하나님을 대신해서 백성들의 숭배를 받는다는 것이다. 당시와 현재까지도 정치 지도자(즉, 제국 숭배)들은 우상

---

28 Ken Eldred, *The Integrated Life* (Montrose, CO: Manna, 2010), 107. 강조체가 있는 이 세 항목은 이슬러에서 발견되었다. Issler, Living into the Life of Jesus, 195. 나는 괄호 안의 주석을 추가했다.
29 Issler, *Living into the Life of Jesus,* 189.

화되어 숭배의 대상이 될 수 있음을 보여 준다.

　대신 예수님은 자신을 따라야 할 모범적 예시로 보여 주셨다. 또한, 예수님은 마가복음 11-12장에서 종교 지도자들(제사장, 서기관, 바리새인)을 강력하게 비판하셨다.³⁰ 그러한 예언적 비판은 권력자들이 예수님을 십자가에 못 박는 결과를 낳았다. 예수님은 예언자적으로 종교/국가 권력자들과 대면하기 위해 예루살렘으로 여행할 때 이런 일이 일어날 것을 이미 알고 계셨다(막 8:30-31; 9:30-31; 10:32-34).

　마찬가지로 세례 요한은 군인들에게 무력을 사용하거나 돈을 가지지 말고 거짓으로 비난하지 말라고("뇌물을 받는다"는 의미가 함축되어 있음) 했고, 오히려 그들의 봉급에 만족하라고 권고했다. 또한, 세리는 징수해야 하는 세금보다 더 많은 세금을 징수해서는 안 된다고 명시했다(눅 3:12-14). 그리하여 오늘날에도 필요한 것처럼 예수님 당시의 일터 각 분야에 하나님 나라의 메시지가 스며들었다.

5. 나가는 말

　갈릴리에서의 예수님의 생애는 예수님이 선한 수고의 가치를 알게 하셨다. 예수님은 상업적 거래와 하나님께 대한 신실함을 연합함으로 일을 바라보셨다. 예수님은 하나님의 목적을 성취할 때 희년에 대한 이사야의 환상을 가지고 계셨다. 하나님 나라에서는 빚이 탕감되고, 토지가 반환되며, 좋은 일이 돌아오고, 병자가 고침을 받고, 가난한 사람들에게 좋은 소식이

30　다음을 참조하시오: Mark A. Awabdy and Fredrick J. Long, "Mark's Inclusion of 'For All Nations' in 11:17d and the International Vision of Isaiah," T*he Journal of Inductive Biblical Studies* 1.2 (2014): 224–55 http://place.asburyseminary. edu/jibs/vol1/iss2/5/ 그리고 Benson Goh, "The Charge of Being Deluded Interpreters of Scripture: A Reassessment of the Importance of Chiasms in Mark 11–12," *The Journal of Inductive Biblical Studies* 2.1 (2015): 30–61, http://place.asburyseminary.edu/jibs/vol2/iss1/4/.

전파되어야 한다.

  이런 성취는 예수님의 섬기는 삶, 그리고 예수님의 일과 사역을 동시에 중요시하는 가르침에서 입증된다. 예수님의 비유 중 많은 부분이 비즈니스 환경, 자원 투자, 그리고 인간 노동자들을 포함하거나 암시하고 있기 때문이다. 다음 장에서는 오늘날 일터교회 개척자들이 예수님이 격려하신 대로 그들의 일과 사역을 상호 연관시킬 수 있도록 초기 교회에서 예수님의 가르침과 비유를 어떻게 적용했는지를 살펴볼 것이다.

제4장

예수님의 창업 정신적 가르침과 그분의 초기 제자들

(프레드릭 J. 롱)

1. 서론

실용적으로 보면, 예수님의 가르침과 그분의 제자도는 신약 시대 초대 교회의 성장과 확장에 기초가 된다. 주님이 제공하셨던 영감적 틀은 그분의 가르치는 사역과 초기 제자들을 위한 지침이 되었다.

복음을 전파하면서 예수님과 그분의 제자들은 가난한 자들의 필요를 채우기 위해 돈주머니를 가지고 계셨다(요12:6; 13:20). 큰 무리를 먹여야 할 필요를 만났을 때 제자들은 군중들을 위해 7개월치 봉급에 해당하는 양식을 자체적 수단으로 구매할 것을 제안하기도 했다(눅 9:13; 막 6:37).

헤롯 안티파스가 그분의 귀족들과 군사령관들, 그리고 갈릴리 지역의 리더들을 위해 잔치를 베풀고 있었을 때(막 6:21), 가난한 자들의 목자 되신 예수님은 양무리인 백성들을 가르치시고 먹이시는 것을 보여 주신다(막 6:34-44; 막 8:1-9). 이런 방식으로 예수님은 제자들과 함께 이 세상과 다른 새로운 존재 방식으로 삶을 사셨다. 그들이 알고 있던 세상이 주후 70년의 유대 전쟁으로 곧 멸망할 것임을 알면서도 말이다.

이번 장에서는 예수님의 가르침과 초대 제자들, 특히 베드로의 제자도에 대한 세 가지 문제적 견해(어떤 경우는 널리 알려진 신화들)을 다루고자 한다. 이후 진행될 논의는 이런 주제들을 어떻게 대할 것인가에 대해 정리했다.

첫째 신화, 예수님의 많은 가르침과 비유가 돈과 관련되었고 부에 대해 반대하는 입장이었다. 오히려 예수님은 부의 상대적 가치와 그 위험에 대해 가르치셨다. 긍정적으로 예수님은 부채 탕감과 함께 자비롭고 책임감 있는 지출을 권하셨다.

둘째 신화, 예수님의 제자들은 가난하고 경력이 없는 젊은이들이었다. 오히려 우리가 아는 바와 같이 베드로는 결혼한 상태였고 예수님은 자기 집에 거하셨다(막 1:29-30). 더욱이, 베드로와 안드레는 야고보 요한과 함께 사람들을 고용하는 가족 어업을 운영했다(눅 5:10; 막 1:20). 그리고 마태(레위)는 세무 징수원이었다.

이들은 경제 활동 영역 한복판에 있었다. 또한, 예수님은 갈릴리 분봉왕 헤롯과 인맥이 있었고, 재력 있었던 조안나와 같은 여성 신도들의 섬김을 받으셨다. 이런 여성들은 자신들의 산업에 의해 형성된 것으로 보이는 부를 나누었다(눅 8:1-4). 비즈니스는 예수님의 사역에 도움이 되었다.

셋째 신화, 예수님이 십자가에 달리시고 부활하신 후, 제자들은 어리석게도 다시 어부로 되돌아갔다(요 21:2-3), 그러므로 이들은 예수님의 가르침을 거부한 것이다. 비록 예수님이 제자들이 고기를 잡지 못한 것을 지적하시고, 그들도 그것을 이해했지만,[1] 주님은 제자들이 많은 고기를 잡을 수 있도록 도우셨고 식사를 준비해 주셨으며 그들을 격려하셨다. 특히, 베드로에게 "내 양들을 먹이라"라고 명하셨다(요 21:15-17).

초기 제자들 안에서 선교적 창업 정신에 대한 예수님의 관점을 정확하게 그리기 위해 이 장의 나머지 부분에서 이 신화들을 자세히 다룰 것이다.

---

1 요한복음 21:5에서 "얘들아, 너희에게 먹을 것이 없느냐"라는 예수님의 질문은 부정적인 대답을 예상한다. 제자들의 "대답"(헬라어 ἀπεκρίθησαν는 ἀπεκρίνομαι에서 유래함)은 그들의 방어성을 나타낸다. 도전적인 대화에서 답을 하거나, 통제권을 가짐을 나타내기 위한 ἀποκρίνομαι의 담화 기능에 대하여 더 알아보기 위해서 다음의 자료를 참조하라. Fredrick J. Long, *Koine Greek Grammar: A Beginning-Intermediate Exegetical and Pragmatic Handbook, Accessible Greek Resources and Online Studies* (Wilmore, KY: GlossaHouse, 2015), 356–58.

2. 예수님의 가르침들 - 부와 사업

예수님의 가르침 중 많은 부분은 돈과 관련되어 있다. 이런 사실로 인해 많은 사람이 부를 위해 일하는 것이 나쁘다고 결론을 내릴 때가 많다. 그러나 부 자체가 문제가 있는 것이 아니라, 우리가 부를 어떻게 사용하고, 부를 축적하는 동안 어떻게 윤리적 관점을 고려하는지가 더 중요하다. 예수님은 하나님과 부/맘몬을 동시에 섬길 수 없다고 가르치시며, 하나를 택하도록 말씀하신다(마 6:24).

이런 관점에서 예수님은 부자 관원들이 백성을 학대하기를 마치 목자가 자신의 양을 강탈하고 양 대신 자신의 배를 채우는 것과 같다는 유대 경전의 예언적 비판과 같은 입장을 취하셨다(겔 34장). 도리어 물질에 관대하고 모든 형태의 욕심을 주의할 것(눅 12:15), 너희에게 꾸고자 하는 자에게 빌려줄 것(마 5:42), 부요한 자는 더 부하도록 재물을 쌓지 말 것(눅 12:16-21), 그리고 도리어 이웃 특히 가난한 자들의 필요를 돕기 위해 소유물의 청지기가 될 것을 명령하신다(눅 12:33; 마 19:16-22).

비즈니스에 대해서는 어떻게 생각하셨을까?

중요하게도 예수님은 비즈니스에 적대적이지 않으셨다. 특히, 예수님의 서른일곱 가지 예화 중에서 스물두 가지는 비즈니스적인 배경과 부와 재물의 올바른 사용에 대해 말씀하신다.[2]

---

2   다음의 책을 참조하시오. Issler, Living into the Life of Jesus, 190-91. 이슬러는 그의 책에서 열일곱 가지 비유를 제시했다. 그러나 예수님의 비유를 검토하면서 나는 또한 사업과 관련된 또 다른 비유도 포함시켰다. 씨를 뿌리는 것(막 4:26-29), 포도주를 적절한 부대에 넣기(막 2:21-22; 마 9:17; 누가 5:37-39), 외국에서 일하고 가족의 땅으로 회복된 탕자(눅 15:11-32), 주인과 종(눅 17:7-10), 바리새인과 세리(눅 18:9-14), 포도원을 일구는 두 아들(마 21:28-32), 큰 잔치(마 22:1-14; 눅 14:16-24), 충실한 집안 일꾼(막 13:34-37; 마 24:42-51; 눅 12:35-48). 비록 어떤 사업인지는 분명하게 암시되어 있지는 않지만 일의 과정을 수반하는 다른 비유로는 반죽에 누룩을 넣는 여자의 비유도 포함된다(마 13:33-33; 눅 13:20-21). 사업의 성공을 암시하는 부의 청지기 직분은 부자와 나사로에게서 발견되며(눅 16:19-31), 자원 청지기 직분은 열 처녀의 비유(마 25:1-13)에서 볼 수 있다.

우리는 이런 예화들을 공부하면 많은 것을 배울 수 있다. 아래 표를 통해 누가복음(16번)에서 발견되거나 마태(7번) 또는 마가복음(1번)에서만 찾아볼 수 있는 예화들이 담고 있는 비즈니스적 가치와 하나님 나라의 복음에 관해 기술하고자 한다. 예화가 하나 이상의 복음서에서 발견되면 누가복음의 내용을 요약했다.

〈표 1 비즈니스적 배경 안 예수님의 비유들〉

비즈니스적 배경 안에 있는 예수님의 비유들	비즈니스의 가치와 천국 메시지
새 술을 새 부대에 (눅 5:37-39; 마 9:17-17; 막 2:21-22)	새 술은 유연한 새로운 포장을 필요로 한다. 제자들은 예수님의 천국 메시지를 받고 전달할 새로운 포장이다.
지혜로운 건축자와 어리석은 건축자 (눅 6:46-49; 마 7:24-27)	우수한/현명한 건축은 우수한 기초를 필요로 한다. 합당한 기초는 예수님의 가르침에 순종하는 것이다.
빚진 두 사람 (눅 7:41-43)	사람들은 자신의 빚을 탕감받기를 원한다. 특히 크게 빚진 자들은 더욱 그렇다. 하나님은 우리의 죄를 용서하신다. 그리고 우리가 더 많은 죄를 인정할 수록 더 감사하게 된다.
심는 자의 비유 (눅 8:5-8; 마 13:3-9; 막 4:3-9)	넉넉하게 심을 것, 가리지 않고 심으면 다소 실패가 있더라도 풍부히 거둘 것이다. 하나님의 말씀은 차별이 없으니 정직과 의와 순전한 마음으로 받는 곳에는 많은 열매가 있다.
어리석은 부자 (눅 12:15-21, 33-34)	비즈니스의 성공은 자신을 위해 부를 쌓기 위함이 아니고 하나님 앞에서 부요하기 위함이다. 모든 종류의 욕심을 버리고 자신의 소유(잉여)를 팔아 나누라; 그의 보물이 있는 곳에 그의 마음도 있느니라.
신실한 청지기 (눅 12:35-48; 마 24:42-51; 막 13:34-37)	종들은 주인이 없는 동안에도 성실히 섬겨야 한다. 그리하면 더 큰 책무를 맡게 될 것이다. 순종하지 않으면 처벌을 받게 될 것이다. 예수의 제자들은 맡겨 주신 책무를 주인이 부재중일지라도 성실히 수행해야 한다. 그렇지 않으면 형벌이 있을 것이다.
열매 없는 무화과나무 (눅 13:5-9)	나무는(그리고 비즈니스는) 자라는 데 시간이 소요되고 열매 맺기 위해 구체적 보살핌이 필요하다. 만일 열매 맺지 못하면 제거할 수 밖에 없다. 하나님 말씀에 대한 응답은 회개의 열매이며 그렇지 않으면 멸망할 것이다.

큰 잔치 (눅 14:16-24; 마 22:1-14)	비즈니스 활동은 하나님 나라에 참여할 기회를 잃게 할 수도 있다. 연합을 가장 누려야 할 대상들은 가난한 자, 앉은뱅이, 저는 자, 소경 그리고 외국인들이다. 원래 초대받은 이들은 세상적 우선순위로 인해 참여하지 못했으나, 대신 가난한 자, 앉은뱅이, 저는 자, 소경과 외국인들이 하나님 나라에 들어간다.
성을 건축하는 자 (눅 14:28-33)	공사는 계획되고 비용을 치루어야 한다. 그렇지 않으면 완공되지 못한다. 예수의 제자가 되기 위해 자신의 소유에 대한 지배권을 포기해야 한다.
잃어버린 양 (눅 15:3-7; 마 18:10-14)	가치가 있는 잃어버린 비즈니스 자산은 다시 찾는 노력을 해야만 한다. 잃어버린 죄인은 하나님에게 소중하고, 애타게 찾으시며, 찾았을 때 크게 기뻐하신다.
방탕한 아들과 불평하는 아들 (눅 15:11-32)	갈급한 사람은 험한 노동을 감당하고 험한 취급을 당하는 것도 동의한다. 그러나 아버지를 거역했으나 회개하는 아들은 가족과 비즈니스에 돌아오는 것이 허락된다. 다른 이들은 불평할지라도 하나님은 죄인을 기쁘게 받아들이신다.
불의한 청지기 (눅 16:1-13)	주인의 자원을 낭비하는 것은 용납할 수 없는 비즈니스 관행이지만 비즈니스 자원을 아낌없이 사용하는 것은 비즈니스 소유자에게 명예를 줄 수 있다. 영원한 거처/상급을 위해 부를 사용하여 친구를 사귀라.³
주인과 종 (눅 17:7-10)	주인은 그의 하인/종에게 스스로의 필요에 앞서 주인 자신의 필요를 채우도록 한다. 제자들은 당연히 주님께 순종하는 하인과 같다.
바리새인과 세리 (눅 18:9-14)	비록 어떤 직업은 다른 직업보다 거룩해 보이지만, 선입견이나 편견으로 사람을 판단하는 것은 피해야 한다. "누구든지 자기를 높이는 자는 낮아지고 자신을 낮추는 자는 높아지리라."
달란트 또는 므나 비유 (눅 19:12-27; 마 25:14-30)	비즈니스로 수익을 얻기 위해 자원이 투입되어야 한다. 수익은 투자의 크기에 비례하고 신실한 성공의 크기에 따라 더 큰 책임이 맡겨진다. "성실하게 행하는 모두에게 더 큰 것이 주어질 것이나 성실한 행동이 없는 자는 있는 것도 빼앗길 것이다."
악한 소작인들 (눅 20:9-16; 마 21:33-41; 막 12:1-9)	포도원 소작인들은 자신의 수확이 아닌 주인의 수확을 위해 일한다. 하나님은 이스라엘 지도자들이 하나님 나라의 열매 맺기를 기대하셨으나 그들은 하나님의 뜻을 거부했다. 그 결과 하나님께서는 그들을 심판하시고 리더십을 다른 자들에게 넘기신다.

---

3   이 비유는 해석하기가 어렵다. 나의 요약은 크레이그 S. 키너(Craig S. Keener)가 알려준 것이다. Craig S. Keener, *The IVP Bible Background Commentary: New Testament*, 1st ed. (Downers Grove, IL: InterVarsity, 1993), Luke 16:1-8.

쭉정이 (마 13:24-30)	(씨 뿌리는) 비즈니스는 적들의(잡초의) 방해를 받을 수 있다. 그러나 좋은 비즈니스가 나쁜 비즈니스들로부터 구별될 때 선한 결과가 나올 것을 믿어야 한다. 하나님은 자신의 아들, 딸들을 이 땅에 심으셨고 사탄도 무법자와 걸림돌과 같은 원수를 심었다, 그러나 심판의 날에는 이 두 그룹이 구별되어 심판받을 것이다.
밭에 묻힌 보화 (마 13:44)	우연히 보화가 묻힌 밭을 발견한 사람은 모든 소유를 팔아 그 밭을 산다. 하나님 나라도 이와 같다.
진주의 비유 (마 13:45-46)	상인은 매우 귀한 것을 구하며 많은 값을 치르고 현명하게 그것을 살 것이다. 하나님 나라도 이런 상인과 같다.
그물 던지기 (마 13:47-50)	그물로 고기를 잡을 때 나쁜 물고기를 골라내는 것은 마지막에 한다. 하나님 나라는 이와 같이 하나님의 천사가 악인을 의인으로부터 분리하여 슬픔과 후회의 불구덩이에 던질 것이다.
용서하지 않는 하인 (마 18:23-35)	긍휼로 용서함을 받아 빚을 탕감 받은자는 타인의 채무를 탕감해야 한다. 그렇지 않으면 그는 악한자로 여겨지며 벌을 받을 것이다. 하나님은 마음으로 서로 용서하지 않는 우리 각 사람을 벌하실 것이다.
포도원 일꾼 (마 20:1-16)	고용과 지불을 처리할 때 선하고 관대하게 해야 한다. 늦게 온 일꾼이라도 하루분의 필요를 채워 줘야 한다. 하나님 나라는 이와 같다.
포도원에서 일하는 두 아들 (마 21:28-32)	일하기로 한 아들들은 가정의 사업을 돌보아야 한다. 처음에 거절했더라도 일하지 않는 것보다 일하는 것이 낫다. 세리와 창기는 복음을 믿었지만 제사과 장로들은 믿지 않았고 이후에도 마음을 바꾸지 않았다.
자라나는 씨앗 (막 4:26-29)	작물을 심고, 키우고, 거두는 것은 놀랍고 신비한 과정이다. 하나님 나라도 이와 같다.

클라인 R. 스노드그래스(Klyne R. Snodgrass)가 잘 요약했듯이, 예수님의 하나님 나라 메시지는 주로 비유를 통해 전달되었으며 놀랍게도 그 비유들은 비즈니스의 가치, 원칙 및 관행들을 일관되게 나타내고 있다.

비유의 주된 초점은 하나님 나라의 도래와 그에 따라 제자도가 요구되는 것이다. 예수님이 하나님 나라를 선포하셨을 때 그것은 하나님께서 그분의 권능과 통치를 행사하여 죄사함을 가져오고 악을 물리치시며 구약의 약속 성취에서 의를 세우신다는 것을 의미했다. 예수님 자신의 인격과 사역 안에서 이런 일이 일어나고 있었고, 그 나라는 사람들에게 주어졌다. 하나님 나라는 무한한 은혜로 오지만 무한한 요구가 따른다. 그러므로 제자도를 말하지 않고는 하나님 나라를 말할 수 없다.[4]

그러나 문제는 여전히 남아 있다.

"왜 예수님은 하나님 나라의 메시지를 전달하실 때, 대부분의 비유에서 은유적 수단과 문학적 틀로 비즈니스/일/재산의 맥락을 선택하셨을까?" 나는 예수님이 자신의 왕국과 하나님이 창조하신 창조 세계의 기본적 측면들이 어떻게 교차하는지 보여 주길 원하셨다는 것을 믿는다. 즉, 일, 비즈니스, 그리고 재정의 사용이 하나님 나라의 관점에서 어떤 모습을 띠어야 하는지 보여 주기 위함이라는 말이다. 일은 사람들의 삶에서 소득, 보상, 그리고 부의 원천이 된다. 그러나 중요한 문제는 "일과 부가 어떤 체제 안에서 가장 잘 이해되고 실현되는가"이다. 예수님은 이 문제에 분명히 대답하셨다.

하나님 나라의 침노는 이사야의 희년 비전 틀에서 실천되어야 한다. 이런 점에서, 예수님의 가르침은 논쟁의 여지가 있는 직업(예: 마태의 세금 징수)은 아니더라도 중요한 일(식량 공급)을 했던 열두 제자에게 영향을 주었다. 일반적으로 비즈니스 환경과 관련된 예수님의 비유들은 예수님이 실제로 재정과 비즈니스 관행을 공정하고, 지혜롭게, 정직하며, 명예롭고, 은혜롭게 사용하는 것을 지지하셨다는 것을 보여 준다.

하나님 나라는 사람들의 일과 비즈니스 활동 중에서 경험할 수 있다. 공정하고 정직한 관행으로 서로 올바르게 관계하는 것은 예수님의 가르침에 나타나 있다. 비즈니스와 일터(밭, 집, 호수, 공사장 등) 그리고 관계(가족, 종/주인, 동역자)에 하나님 나라의 진리를 덧씌우심으로써 예수님은 일과 비즈

---

4   Klyne R. Snodgrass, "Parable," ed. Joel B. Green and Scot McKnight, *Dictionary of Jesus and the Gospels* (Downers Grove, IL: InterVarsity, 1992), 599.

니스를 하나님 나라의 관점에서 보시고 존중하셨다.

그래서 예수님의 제자가 된다는 것은 하나님 나라의 관점에서 일과 비즈니스를 변혁시킨다는 것을 의미한다. 그렇게 되면 사람들은 자신의 선교적 소명을 단순히 직업 외부가 아닌 직업 내부에서 찾을 것이다.

3. 열두 사도와 다른 제자들

예수님은 왜 전문직에 종사하는 사람들을 그의 제자로 부르셨을까? 예수님의 목적은 무엇이었을까?

주님은 몇몇 어부를 선택하시고 그들에게 하나님 나라의 일을 시키셨다. 흥미롭게 포착된 사실은 예수님이 하나님 나라의 좋은 소식을 선포하는 것에 대해 "사람을 낚는 어부"라고 비유했다는 것이다. 예수님이 개인의 특성에 따라 제자를 선택하셨다고 생각할 수도 있겠지만, 주님은 12명 중 일을 할 수 있는 능력, 관계 네트워크, 사역 시간의 자유, 그리고 사역을 위해 계속 지원을 받을 수 있는 능력 때문에 그들을 선택했다는 것이 더 일리가 있는 예측이다.

예를 들면, 션 프라인(Sean Freyne)은 "어부들의 생활 방식이 육지에 메어 있던 소작농들의 생활 방식보다 예수님의 순회 방식(마 8:20; 눅 9:58)에 더 적합했다"[5]라고 주장한다. 분명한 것은 예수님과 제자들은 배를 자주 활용하곤 하셨다(마 3:7, 9; 4:1, 35-36; 5:18; 6:32, 45, 51; 8:10 등).

여기에 또 다른 질문이 따라온다.

---

5   Sean Freyne, *Jesus, a Jewish Galilean: A New Reading of the Jesus Story* (London: T&T Clark, 2006), 52. 프레인(Freyne)의 책 이후에 블레이크 와셀(Blake Wassell)과 스티븐 르웰린의 책이 나왔다. Blake Wassell and Stephen Llewelyn, "'Fishers of Humans,' the Contemporary Theory of Metaphor, and Conceptual Blending Theory," *Journal of Biblical Literature* 133 (2014): 627–46 at 645.

"예수님은 제자들을 일터 사역자들과 사도 선교사들로 구분하셨는가?"

예수님은 열두 제자를 세우셔서 자기와 함께하고 복음을 전하며 귀신을 쫓아내도록 파송하셨다(막 3:13-15). 이후 열두 사도는 유대 지역을 넘어서 복음을 전했다. 그러나 복음서는 이런 분명한 구분에 대해 말하지 않고 있다. 다시 말하면, 예수님을 따르는 모든 자가 반드시 가정과 일터를 떠나도록 부르심을 받은 것은 아니라는 것이다.

로마 백부장은 자신의 임무를 계속 수행하도록(마 8:5-13; 행 10장) 하고, 삭개오는 변화되었으나 세금징수원 직업으로(눅 7:29; 19:1-10) 남아 있었다. 심지어 창기로 종노릇하고 타인의 소유였던 사람들이 예수님으로부터 환대받고 식사의 교제에 참여했다.[6]

또한, 세례 요한에게 순종했던 사람들은 회개 후 인도함을 받고 어떻게 반응해야 할지 물었다(눅 3:10-14). 요한은 그들이 직업을 떠나야 한다고 하는 대신 자신의 직무(의복과 음식 나누기)를 관대하게 수행할 것과 정직하고 욕심 없이(예컨데 군인, 세무 징수원) 해야 한다고 언급했다.

그러나 예수님은 열두 제자에게 직업을 그만두게 하시고 주님과 집중적인 시간을 보내며 다른 이들의 환대와 집, 자원에 의존하도록 하셨다.[7]

왜 그러셨을까?

이것이 초기 교회의 새롭고 유일한 모델이었을까?

---

6   마크 알레 포웰(Mark Allan Powell)의 흥미로운 토론을 참고하라. Mark Allan Powell, "Jesus and the Pathetic Wicked: Re-Visiting Sanders's View of Jesus' Friendship with Sinners," *Journal for the Study of the Historical Jesus* 13.2-3 (2015): 188-208.

7   다음을 참조하시오. 예를 들면, Ben Witherington III, *The Gospel of Mark: A Socio-Rhetorical Commentary* (Grand Rapids: Eerdmans, 2001), 421-22. 위더링턴은 다음과 같이 말한다. "예수님은 아마도 가버나움에 있는 시몬의 집에 거하셨거나 초기에 이곳을 작전 기지로 사용하신 것 같다(참조, 1:29; 2:1). 어쨌든 그분은 첫 제자들이 사는 집에 거하셨다." 이에 대한 직접적 증거를 찾을 수는 없지만, 첫 번째 사도들은 이전(가족) 비즈니스에서 자금을 조달했을 가능성이 있는 것 같다. 예를 들어, 사도들은 가난한 사람들 위해 음식을 살 돈이 있었으며(눅 9:13; 막 6:37) 베드로가 가정을 유지할 수 있도록 얼마간의 재물이 있었다.

여기서 우리는 예수님이 열두 제자(막 9:7-13; 마 10:5-23; 눅 9:1-10)와 칠십 인(눅 10:1-22)을 위한 특별한 선교 사역을 하셨다는 것을 이해해야 한다. 예수님은 유대 국가에 임박한 심판, 즉 100만 명의 목숨을 앗아가고 10만 명 이상의 사람들을 로마의 노예로 끌고 갈 서기 70년의 로마와의 유대 전쟁을 이미 아셨다. 주님은 자신을 따르는 자들에게 심판의 때에 유대 지역을 떠나도록 강권하셨다(마 24:16).

누가복음 19:41-44 말씀에서도 예수님은 유대 전쟁이라는 다가올 재난 때문에 우셨다. 그리고 누가복음 9:51에서 예루살렘으로 올라가시려는 예수님의 결의를 보면 이 슬픔이 절정에 달하고 있다는 것을 알 수 있다. 예수님은 모든 선지자가 죽었던(눅 13:33-34) 예루살렘에서 죽으실 것을 아셨다.

이 여행에서 사람들이 주님을 따르고자 했을 때 무리 중 한 명에게 예수님 자신은 집이 없다고 말씀하셨고, 또 다른 이에게는 여기를 떠나 하나님 나라를 전파하라고 하셨고, 마지막 사람에게는 "쟁기를 손에 들고 뒤돌아보는 자는 하나님 나라에 합당치 않다"고 말씀하셨다(눅 9:57-62).

중요한 것은 마태복음 10장의 예수님의 선교적 가르침은 특별히 이스라엘의 잃어버린 양(마 10:5-6; 15:24)을 향해 제한되어 있었다. 분명하게 예수님은 이스라엘 땅을 넘어 모든 민족으로 제자 삼도록 하셨지만, 그것은 주님의 부활 이후였다(마 28:19-20; 행 1:8).

따라서 우리는 제자들에게 자신의 직업을 버리고, 사람들의 환대에 의존하며, 이스라엘의 마을을 돌아다니면서 다가올 하나님 나라와 예수님이 하나님의 아들이심을 선포하게 했던 예수님의 임박한 사명을 유대 전쟁(AD 70)의 관점에서 이해하는 것이 필요하다(마 10:23; 16:27-28; 26:64). 예수님은 다음과 같이 말씀하셨다.

> 너희가 이스라엘 도시를 모두 다니기 전에 인자가 다시 올 것이다(마 10:23).

이런 지침은 예수님이 예루살렘으로 여행하시기 전 여러 마을로 파송하셨던 칠십 인들에게도 적용되었다. 그러므로 예수님의 초림을 통해 이 땅에 임하게 된 하나님 나라와 이스라엘 민족이 직면하게 될 임박한 심판과 성전의 파괴가 예수님의 재림(마 24:3, 27, 37, 39)과 혼돈해서는 안 된다(그러나 흔히들 그렇게 이해한다).

이런 세부적 정황으로부터 한 걸음 물러나 보면, 예수님이 제자들을 직업 또는 일터로부터 나오게 하신 이유는 유대 지방에 닥칠 유대 전쟁이라는 일시적 상황에 대한 계획이셨다는 것을 알 수 있다. 더욱이 예수님을 따르는 자들이 이 사명을 이스라엘 주변 지역으로 확장한다면, 이동에 대한 다른 현실적 이유가 적용될 수 있었으며, 실제로 그런 부분도 있었다.

일은 종종 토지 또는 중앙 집중식 위치와 일터에 연결되어 있었다. 도시 바깥쪽으로 이동하려면 유연성이 필요했지만, 일부 직업만이 이 이동을 허락받을 수 있었다. 그러나 분명한 것은 모든 직업은 지역에 매여 있든 해외로 자유롭게 이동할 수 있든 하나님 나라 활동에 가치가 있다는 것이다.

이후 장에서 살펴보겠지만, 교회가 다른 직업을 갖지 않은 전임 사역 제도를 역사적으로 채택한 것은 초대 교회 확산에 대한 전체 그림을 반영하지 못하는 것이다. 이것을 다루기 전에 먼저 우리는 예수님이 부활하신 이후에 베드로와 제자들을 회복시켜 주셨던 것을 생각해 볼 필요가 있다.

4. 베드로의 회복과 교회의 사업

이 장의 시작 부분에서 언급했듯이, 우리는 예수님의 부활 이후 제자들이 고기 잡는 일로 돌아간 것이 정말로 실패한 것인지 물어야 한다. 우리는 추측 대신, 기록된 부분을 주의 깊게 살펴보아야 한다. 예수님은 그들이 많은 물고기를 잡도록 도우셨고 그것을 요리하시어 그들에게 밥을 제공하셨다. 그렇게 하심으로 주님은 그들을 지지하시고 따라야 할 모범을 보이셨다.

크레이그 S. 키너(Craig S. Keener)는 다음과 같이 설명했다.

> 대부분 육체 노동자는 자신들의 일에 대해 자긍심이 있었다(자신들의 묘비에 직업을 새겼던 사실). 예수님은 제자들에게 베푸신 것처럼 그들의 어업 활동을 지지하셨다(요 21:5-6). 부활하신 주님께서 그들 자신이 다 먹지도 못할 양의 물고기를 공급해 주셨다.[8]

그렇다면 왜 이렇게 많은 물고기를 주셨을까?
왜 그들을 위해 식사를 준비하셨을까?
이 사건을 통해 예수님은 베드로에게 유명한 세 번의 "나를 사랑하느냐"는 질문을 하신다. 우리는 이 말씀에 크게 감동된 나머지 예수님이 베드로에게 세 번이나 동일한 명령을 하신 의미를 자주 놓친다.
"내 양을 먹이라! 내 양을 치라, 내 양을 먹이라!"(요 21:15-17)는 말씀에서 "양"은 누구를 말하는가?
확실히 이것들은 예수님 자신이 문과 목자가 되셨던 사람들을 가리킨다(요 10:7-16; 마 9:36; 10:6; 18:12).
그렇다면 예수님이 베드로에게 하신 "그들을 먹이라"라는 말씀은 어떤 의미일까?
'먹이다'라는 단어는 신약성경에 아홉 번 등장한다(여기 요한복음에 두 번 등장함). 다른 곳에서는 실제로 '먹인다'라는 뜻을 가지고 있다(예, 마 8:30; 눅 8:32; 15:15).
그러면 여기 요한복음에서 '먹이다'라는 것은 육체적 양식을 제공하는 것을 의미할까, 아니면 하나님의 말씀을 가르치는 것과 같은 다른 무언가를 의미할까?

---

8 Keener, *IVP Bible Background Commentary: New Testament*, comment on John 21:9-10 and 21:11.

예수님이 제자들을 위해 기적적으로 물고기를 잡으셨다는 맥락을 감안할 때, 먹이는 것은 기본적으로 물질적 공급을 포함하고 있다는 것을 알 수 있다. 따라서 요한복음이 보여 주는 것은 연약한 양들인 하나님 나라 백성들을 위한 육체적 필요를 공급하기 위해 행해지는 일(때때로 기적적인 도움을 통해)을 예수님은 지지하신다는 것을 알 수 있다(요 6:1-14 참조).

베드로에게 주신 예수님의 명령은 예수님이 목자/양의 비유를 사용하신 기원(겔 34장)과 일치한다. 이스라엘의 지도자들은 목자로서 양을 먹이는 대신 자신들의 배를 채우고(겔 34:2-3), 양 떼를 삼켰으며(겔 34:10), 궁핍하고 유리한 양들을 돌보지 않았다(겔 34:4-6).

또한, 베드로에게 주신 예수님의 명령은 누가복음 전체를 통해 흐르는 예수님이 선포하시고 성취하신 이사야의 희년, 가난한 자들을 위한 복음 선포와 그들의 '안녕'에 대한 관심과도 일치한다.

따라서 요한복음 21장에서 예수님은 하나님 나라의 일을 위해 베드로를 회복시키시고, 가난한 사람들을 돌보기 위해 일과 비즈니스를 사용하도록 부르셨다. 이런 하나님 나라의 일은 오늘날의 상황에서 성령의 인도함을 받아 일터교회 개척하는 실천가들에게는 매우 친숙하게 들릴 것이다.

그렇다면 베드로는 이것을 마음에 새기고 예수님이 명령하신 대로 하나님의 양들을 돌보았는가?

물론이다.

첫째, 베드로는 교회 지도자들에게 양 치는 목자가 되라고 권면했다. 베드로는 같은 장로로서 다른 장로들에게 다음과 같이 권고했다.

> 무릇 양 떼를 치라 … 부정한 이익으로 하지 아니하고 오직 선의로 하며[κατακυριεύω] 그들을 지배하지 말고 도리어 양 떼의 본이 되라(벧전 5:1-3).

여기에는 궁핍한 사람들을 위한 물질적 공급도 함축되어 있다. 베드로는 예수님이 정치 지도자들과 권력자들을 비판할 때 사용하신 것과 같은 용어인 '주관하다'라는 단어를 동일하게 사용하셨다(마 20:25; 막 10:42; 눅 22:25[κυριεύω]).

베드로와 마찬가지로 예수님께 문제가 되었던 것은 권력과 명예의 위치를 유지하면서 사람들에게 칭찬만 받기 원하는 로마 후원 시스템이었다. 예수님은 자원을 분배하는 '후원자들'에게 사회적으로 '약한' 사람들이 '종속'되거나 '예속'되지 아니하고, 자원이 공평하게 사용되기를 원하셨다.

하나님의 나라에서 진정한 후원자는 섬기는 자의 모범이 되는 중재자이시고 통치자이신 예수 그리스도이시다. 기부와 재물의 나눔은 자기 자랑이나 자기를 높이는 대신 그리스도 안에서 하나님의 영광을 위해 이루어져야 한다. 감사할 대상은 오직 하나님이시고 스스로 자랑할 것 없이 겸손히 섬겨야 한다.

둘째, 베드로는 모든 성도에게 죄악 된 욕망과 습성에 빠지지 말고(벧전 2:1-3) 믿음 안에서 자라며(벧전 2:1-3), 화합하고, 동정하며, 겸손하고, 공감하며, 형제 우애의 사랑을 가짐으로써 유덕하게 되어(벧전 3:8), 선한 행실의 증거를 보이고(벧전 2:12; 3:11, 13, 16-17), 사랑을 나타내며(벧전 4:8), 원망 없이 대접하고(벧전 4:9) 하나님의 은혜를 맡은 선한 청지기같이 서로 섬기며 하나님의 영광을 위해 말하고 섬기라고 권면했다(벧전 4:11).

중요한 것은, 이런 권면에 순종하려면 장로들의 본을(위에서 논의한 바와 같이) 따라, 자기 일, 재화, 그리고 소유물을 사용하여 다른 사람들을 사랑하고, 대접하며, 후대를 베풀어야 했다. 베드로의 권면은 예수님의 가르치심을 잘 반영한다.

예를 들어, 복음서에서 "긍휼히 여김"은 괴로워하고 낙심한 사람들에게 복음을 전하는 것(마 9:36)과 병/사망/부상을 고치는 것(마 14:14; 막 6:34; 마 20:34; 눅 7:13; 10:33), 백성을 먹이는 것(마 15:32; 막 8:2; 참조, 마 14:14-16), 빚과 죄를 용서하는 것(마 18:27; 눅 15:20)을 포함한다.

베드로전서 4:10-11에 베드로가 특별히 강조한 것은 하나님의 은혜로운 공급에 대한 응답으로 '섬기는 것'(διακονέω)이었다. '섬기다'라는 이 동사는 도움이 필요한 신자들에게 물질적인 섬김 특히 먹이는 것(눅 10:40; 2:37; 22:27; 행 6:2)과 재정적인 나눔(눅 8:3), 목마르고 배고픈 이들을 먹이는 것, 그리고 감옥에 갇힌 자를 방문하고 낯선 자들을 대접하는 것(마 25:42-44; 히 6:10)과 같이 광범위한 영역까지 이른다.

이런 차원에서 사도 바울의 재정 모금은 국제적인 자선 행위와 같이 '봉사' 또는 '섬김'으로 불릴 수 있다(롬 15:25, 31; 고후 8:1-3, 19; 행 11:29-30).

셋째, 베드로는 예루살렘의 사도들과 함께 가난한 사람들을 위한 모금에 특별히 관심이 있었다. 갈라디아서 2:9-10에 바울이 갈라디아인들에게 보낸 편지(AD 48-49년경에 일찍 기록됨)에 의하면, 예루살렘 사도들은 바울과의 교제를 받아들이면서 동시에 바울에게 "가난한 자들을 기억하라"고 촉구했다.

브루스 N. 론지네커(Bruce N. Longenecker)는 가난한 자들을 기억하는 것은 초대 교회의 강조점이자 예수님의 가르침의 기반이고 유대인들의 생활과 도덕적 실천의 근간이라고 기술했다.[9]

실제로, 다음 장에서는 사도행전과 바울 서신에서 어떻게 '일'이 복음 전파를 위한 중심이 되었으며, 가난한 자들의 필요를 공급하고, 궁핍한 자들에게 관대함을 베풀었는지 알아볼 것이다. 이런 모든 선한 일은 비즈니스에 의해 촉진되었다. 도울 수 있는 능력을 가진 긍휼함은 사역을 위한 촉매제이다.

---

[9] Bruce W. Longenecker, *Remember the Poor: Paul, Poverty, and the Greco-Roman World* (Grand Rapids: Eerdmans, 2010); Bruce W. Longenecker and Kelly D. Liebengood, eds., *Engaging Economics: New Testament Scenarios and Early Christian Reception*, 1st ed. (Grand Rapids: Eerdmans, 2009).

5. 나가는 말

이사야의 희년을 성취함에서 예수님 선포의 초점은 빚/죄로부터의 자유, 인간 노동의 합당한 평가, 귀신을 쫓아내는 것, 병자 고침, 그리고 가난한 자를 위한 공급이었다. 만약 주님을 따르는 자들이 자기 일하지 못하고, 다수를 지배하는 권력자들을 후원자로 삼으며, 불공평한 경제 아래서 어려움을 겪는다면, 예수님은 제자들에게 하나님 나라의 복음 전파와 선한 행실 및 비즈니스, 가난한 자들을 돕는 일들의 교차점을 제자들에게 가르쳤을 것이다.

부활 이후 예수님은 베드로를 회복시켜 양 떼를 먹이도록 하셨다. 양 떼를 향한 권면에서 우리는 예수님의 가르침과 실행을 목격하게 된다. 베드로와 그의 동역자인 사도 바울은 복음을 전파하는 일에 있어서 하나님 나라의 일은 모든 사람, 특히 하나님 집에 있는 사람들의 구원과 동시에 복지를 위한 봉사로 수행되어야 한다는 것을 알게 되었다(갈 6:10).

다음 장에서 우리는 사도행전에서 바울과 같은 일터교회 개척자를 통해 교회 개척과 일터의 교차점을 살펴볼 것이다.

제5장

사도행전과 바울의 사역에 등장하는 교회의 사업가(기업가)들

(프레드릭 J. 롱)

1. 서론

예수님의 가르침과 침노하는 하나님 나라의 구현을 기초로, 베드로와 제자들은 말씀을 선포하고 서로의 자원을 나누며 복음에 대한 이해를 발전시켰다(행 2:44-45). 그렇게 함으로써 그들은 하나님의 말씀을 전파하면서 예수님 나라의 사역을 앞당겼다.

이 장에서는 사도행전과 사도 바울을 보면서, 예수님의 이런 새 포도주 정신이 어떻게 초대 교회의 성장 안에서 새로운 일터교회 개척 모델을 만들어 갔는지 살펴보게 될 것이다. 이를 위해 우선 수정은 아니더라도, 우리의 이해에 있어서 조정이 필요한 문제가 있는 신화들을 먼저 다루면서 이 장을 풀어 나가려고 한다.

첫째 신화, 사도행전은 비즈니스 모델이 아니라 초대 교회의 성장과 하나님 말씀의 전파에 관한 것이다. 그러나 이 책을 소개하는 사도행전의 머리말은 고대 무역에서 사용된 서문 또는 전문 매뉴얼에 사용된 머리말과 매우 흡사하다.[1] 더욱이 사도행전은 복음의 전파가 어떻게 기업 간의 네트

---

1 Loveday Alexander, "Luke's Preface in the Context of Greek Preface-Writing," *Novum Testamentum* 28.1 (1986): 48-74 at 57.

워킹을 장려하고 있으며, 일터를 복음의 진리로 변화시키며, 불법 노동에 맞서는지를 보여 주는 고대 직업관과 직장들을 자주 강조한다. 사도행전에는 오늘날 교회 성장과 '일터교회 개척'(ECP)을 위해 고려해야 할 사항이 많이 담겨 있다.

둘째 신화, 바울의 천막 짓는 일은 원칙이 아니라 교회 개척에 대한 예외이다. 왜냐하면, 바울은 그의 목회서신에서 목회자들이 일에 대한 대가를 받아야 하는 부분에서 분명히 차별화된 목회적 위치나 직분(장로와 집사)을 설정했기 때문이다(딤전 5:17-18; 고전 9:14; 참조, 눅 10:7).

복음 사역자들에게 보수를 주는 자리가 있다는 것은 사실이다(아마도 일차적인 자리일지라도). 그러나 신약성경의 모든 사역자가 보수를 받았다는 것은 분명하지 않으며, 사역하는 동안 다른 일을 하지 않았다는 것조차 확실하지 않다. 더욱이 신약은 대안적인 교회 개척 모델로서 바울의 접근 방식을 보여 준다.

사도 바울 자신도 다음의 몇 가지 이유로 보수를 받기를 거부하고 오히려 자기 손으로 일을 했다. 그의 특별한 소명, 더 넓은 지중해 세계의 사회적 환경, 그리고 신자들이 그를 닮고자 하는 바울의 열망이 사도행전에 담겨져 있다.

셋째 신화, 비즈니스와 교회는 바울 신앙 안에서 섞이지 않았다. 사실이 아니다. 바울의 목회서신에서 목회자의 특성에 대한 설명은 당시 가장 좋은 가사 관리 방법을 설명하는 '비즈니스 매뉴얼'을 참고한 것으로 보인다.

이것은 그리스도를 본받는 복음의 진리가 중심이 되는 바울 자신의 현대적이고 동시대적인 비즈니스 모델이 교회에 얼마나 가치가 있는지에 대한 의미를 내포한다. 교회가 최고의 기업 윤리와 실천을 반영하는 만큼, 교회는 복음의 진리와 선함, 그리고 변화의 능력을 세상에 증거한다.

넷째 신화, 바울에 따르면 인간의 노력 또는 '행위들'은 우리의 구원을 얻으려는 시도이다. 게다가 돈을 버는 것은 이 세상에서 우리에게 아무 유익이 없다. 우리는 "돈을 사랑함이 일만 악의 뿌리"(딤전 6:10)라는 바울의 말을 기억해야 한다.

그러나 바울이 "그리스도를 따르는 자들에게 선을 행하고(롬 12:2, 9, 21; 13:3-4; 15:2, 14; 16:19 등) '선한 일'을 행하라고 촉구했다는 것은 부인할 수 없다"(엡 2:10; 딛 2:7, 14; 3:8 등). 사실 우리가 선을 행하든 행하지 않든 우리는 복음으로 심판을 받는다(롬 2:6-10; 참조, 마 16:27). 따라서 우리는 선을 행하기를 추구하면서도 하나님과 하나님의 복된 소식을 돈보다 더 사랑하지 않도록 주의해야 한다. 다시 말해, 우리는 복음을 위해 우리의 비즈니스에서 선을 행하도록 부름을 받았다는 것이다.

2. 도움이 필요한 사람들을 섬기고 구원하기 위해 직장 안에 복음을 전파하기

사도행전은 어떤 문학일까?

최근에 학자들은 사도행전을 역사, 전기, 또는 전기 역사, 더 나아가 심지어 소설로까지 생각하며 연구한다. 그러나 사도행전 1:1-11의 서문이 어떻게 독자들에게 사도행전을 이해할 수 있도록 도움을 주고 있는지 충분히 고려하지 않고 있다.

러브데이 알렉산더(Loveday Alexander)의 연구를 바탕으로 버논 K. 로빈스(Vernon K. Robbins)는 사도행전의 서문이 '직업 지향적인 저작물'과 가장 유사하다고 지적한다.

이 문헌은 지중해 사회의 '공예와 직업의 세계'에 있는 사람들의 네트워크 안에서 작성되었다. 이 네트워크는 지중해 사회의 문학계 있는 사람들의 네트워크라기보다는 장인, 상인, 사업가, 경제인, 의사, 엔지니어와 같은 전문직과 길드에 있는 사람들의 모임이었다. 그들은 나사렛 예수와 그분의 추종자들이 이스라엘의 역사를 이어 가고 있다는 말을 믿었다. 그것을 공유하기 위해 정기적으로 상품과 서비스를 교환하는 사람들을 위해

이 문헌을 쓴 것이다.[2]

이것의 의미는 광범위하다. 초대 교회가 하나님 나라를 선포하고 열매 맺는 수고를 진행함에 따라 예수님의 말씀 성취와 이사야 희년의 비전은 사도행전 전체로 확장되었다. 복음의 선포가 비즈니스를 대체하기보다 복음을 전하는 사역이 인간의 직업과 함께 사람들에게 다가가 세상 속으로 침투한 것이다. 이것은 사도행전 전반에 걸쳐 나오게 되는 중요한 방식이다.

한편으로 많은 비즈니스 장소가 말씀을 증거하는 장소, 용도가 변경된 예배 공간, 그리고 네트워킹의 자원이 되었다. 여기에서 기본이 되었던 공간은 비즈니스를 수용했던 집이다. 사도행전에서 여러 도시의 집은 복음의 선포, 예배, 교제, 치유, 그리고 환대의 장소가 되었다.

- 누가의 다락방(행 1:13; 2:2)
- 집에서 떡을 떼는 것(행 2:46)
- 가정에서 가르치고 전파하는 것(행 5:42)
- 다메섹에 있는 유다의 집(행 9:11-19)
- 욥바에 있는 다비다의 집 다락방(행 9:36-42)
- 그곳에 있는 시몬 피장의 집(행 9:43; 10:32)
- 가이사랴에 있는 백부장 고넬료의 집(행 10, 11장에 다시 보고됨)
- 예루살렘에 있는 마리아의 집(마가 요한의 어머니, 행 12:12-19)
- 빌립보에 있는 루디아의 집(행 16:14-15, 40)
- 데살로니가에 있는 야손의 집(행 17:1-9)

---

2   Vernon K. Robbins, "The Claims of the Prologues and Greco-Roman Rhetoric: The Prefaces to Luke and Acts in Light of Greco-Roman Rhetorical Strategies," in *Jesus and the Heritage of Israel: Luke's Narrative Claim Upon Israel's Legacy*, ed. David P. Moessner (Harrisburg, PA: Trinity Press International, 1999), 63-83 at 66. 로빈스는 이 책에서 이런 통찰에 대해 자세히 설명하진 않았다. 대신 수사학적 progymnasmata 연습의 관점에서 누가복음과 사도행전의 프롤로그를 자세히 설명했다.

- 고린도에 있는 천막 제작자 아굴라와 브리스길라의 집(행 18:1-3)
- 드로아의 다락방(행 20:6-11)
- 집집으로 가르치며(행 20:20)
- 그리고 가이사랴에 있는 빌립의 집(행 21:8-10)

우리는 이 집들이 어느 정도 비즈니스의 중심지가 되었는지는 잘 모르지만, 많은 집들이 명백히 사업체와 연결되어 있었다. 또한, 모든 가정은 교회 지체들(숙식)을 수용할 수 있는 능력만큼 비즈니스(어느 정도)로 빚을 지고 있었다. 또한, 사도행전은 하나님이 개입하시는 또 다른 일터들의 이름을 명시한다.

- 빌립보의 감옥(행 16:23-35)
- 아덴의 장터(행 17:17)
- 아덴의 지식 중심지 아레오바고스(행 17:19- 34)
- 에베소의 두란노 강당(행 19:9-10)
- 몰타 섬의 지도자 푸블리우스의 거주지(행 28:7-10)
- 아피우스 시장과 로마의 세 여관(행 28:15)
- 로마에 있는 군인의 아파트(행 28:16, 23)
- 그리고 그곳에서 있는 바울의 셋집(행 28:30)

하나님은 또한 죄수인 바울을 로마로 호송하는 향해 여행 중에도 도우셨으며, 그를 통해 선원들에게 말씀을 전하셨다. 바울은 선원들의 영혼을 구원하기 위해 올바른 행동을 취하도록 계속 격려했지만, 선장은 주의를 기울이지 않았고 그 결과 '파손과 손실'(바울의 표현)로 이어지게 된다(행 27:6, 9-12, 21-26, 31-36, 44). 바울은 하나님의 관심을 반영하여 재물과 영혼에 관심을 가졌다.

따라서 사도행전은 사업장을 통한 복음의 전파를 보여 준다. 하나님은 비즈니스에 반대하는 것이 아니라 복음 선포에 있어서 일상의 영성을 강조하신다.

반면 일부 직업은 폐지되지 않았더라도 위협을 받았다. 마술과 그것의 결과로 따라오게 된 이익은 반대에 직면하게 되었고 폭로되었다(행 8:9-24의 마술사 시몬[시몬 마구스], 19:13-16의 스게와의 아들, 19:18-19의 값비싼 두루마리 소각). 점을 통한 점쟁이의 이익은 좌절되었고 여종은 그녀를 지배하는 영에서 해방되었다(행 16:16-21).

그리고 에베소에서(암시된 모든 곳에서) 번영하던 우상 만들기 사업이 훼손되었다(행 19:24-41). 이처럼 복음이 전파되면서 하나님께서는 사람들의 일을 통해 흑암 세력이 활동하는 우상 숭배적인 일들을 폭로하시며, 그분의 선한 일을 행하셨다. 궁극적으로 복음은 인간의 영혼을 부패, 사기, 그리고 속임수로부터 구원하고 해방해 하나님의 나라에서 유익한 일과 봉사를 하도록 한다.

그렇다면 왜 생산적인 서비스가 필요한 걸까?

사도행전은 초기 신자들이 사역을 쉽게 하고 도움이 필요한 사람들(행 2:44-45; 4:32), 특히 과부들(행 6:1-7)을 돕기 위해 자원을 모으고 나누는 모습들을 보여 준다. 과부들에 대한 특별한 보살핌은 디모데전서 5:1-16과 야고보서 1:27에도 잘 나와 있다. 이런 도움을 가능케 한 것은, 예를 들면, 예루살렘의 사도들과 같이 교회를 인도하는 사람들의 자원들이었다(행 4:34-37).

그러나 재정은 교회 밖에서 일하는 성도들을 통해서도 모였다. 예를 들어, 욥바 성에서 여제자인 다비다(도르가라고도 불림)는 '선행과 구제하는 일'(행 9:36)을 하는 것으로 유명했다. 여성은 사업을 할 수 있었다.

크레이그 S. 키너(Craig S. Keener)는 다음과 같이 요약했다.

로마 장례 비문(로마 고린도와 관련됨)에 대한 한 분석에서는, 여성은 건설, 은행 업무 및 운송 분야에 없었지만 숙련된 서비스의 47퍼센트, 가사 서비스의 27퍼센트, 제조업이 15퍼센트, 영업은 8퍼센트, 그리고 관리업에 3퍼센트가 종사하고 있었다.[3]

다비다는 그곳에 사는(또한 그녀와 함께 살았던) 과부들에게 의복을 만들어 주었다. 베드로가 최근에 죽은 다비다를 위해 기도하라는 부름을 받고 찾아갔을 때, 그 과부들은 베드로에게 다비다가 만들어 준 의복을 보여 주었다(행 9:39). 베드로는 그녀를 위해 기도하고 그곳 성도들과 과부들에게 다비다의 부활로 선물을 주었다(행 9:40-42). 의미심장하게도 베드로는 "무두장이"(행 9:43)로 알려진 시몬의 환대받으며 여러 날 욥바에 머물게 된다.

흥미롭게도 동일한 장(행 9장)에서 복음 전도와 비즈니스 및 그 위치의 교차점을 반복적으로 보여 주고 있으며, 사도 바울의 회심도 소개하고 있다. 바울은 복음 사역에서 '장막 만들기'라는 새로운 기업가적 모델을 구현한 혁신가였다.

3. 사도 바울의 장막 만들기

T. 마이클 W. 할컴(T. Michael W. Halcomb)은 그의 책 『바울 변화의 촉매제: 사도적 혁신가의 맥락과 목표 및 영향』(*Paul the Change Agent: The Context, Aims, and Implications of an Apostolic Innovator*)에서 사도 바울을 "사도적 혁신가"로 묘사한다.[4]

3　Craig S. Keener, *Acts: An Exegetical Commentary*, 4 vols. (Grand Rapids: Baker Academic, 2012), 2714.

4　T. Michael W. Halcomb, *Paul the Change Agent: The Context, Aims, and Implications of an Apostolic Innovator*, GlossaHouse Dissertation Series 2 (Wilmore, KY: GlossaHouse, 2015).

바울은 하나님의 지혜로 사도로 세움을 받았으며, 하나님의 부르심에 근거하여 복음 전파의 대가를 받지 않고 자기 손으로 장막 짓는 일을 하기로 결정한다(고전 4:12; 9:1-18; 고후 6:5; 11:23, 27; 살전 2:9; 살후 3:8; 행 18:3, 20:34-35). 이것은 할컴(Halcomb)이 설명하는 것처럼 중요한 부분이다.

바울은 자주 자신을 성도들이 따르고 본받아야 할 본으로 제시했다. 사도 바울의 이런 호소는 그의 변화를 모방하는 것과 동시에 변화의 주체로서 역할을 모두 모방하라는 부름이었다.

변화의 주체로서 바울의 혁신은 복음이었다. 그는 중앙 집중식 확산 시스템을 가지고 있다고 설명될 수 있는 회중 안에서 복음을 전파하고 가르쳤다. 그는 각 서신에서 변화의 수사학을 사용하여 다양한 회중 안에서 그의 서신 수신자의 필요를 충족시키기 위해 변화의 촉매제 목록 내에서 전략을 사용했다.[5]

신자들의 패러다임을 바꾸려는 바울의 의지는 고린도전서 4:10-12, 고린도후서 11:27에 잘 나와 있다. 이런 행위는 그에게 약간의 오해와 대가 지급을 요구한다.

육체 노동은 오늘날에도 그렇듯이 일반적으로 로마 사회의 모든 사람에게 긍정적으로 여겨지지 않았다. 그러나 바울은 그리스도를 따르는 자들에게 반복적으로 그를 본받아 예수 그리스도를 본받으라고 호소한다(살전 1:6; 살후 3:7-9; 고전 4:16; 11:1; 빌 3:17; 4:9). 이것은 아마도 '일/노동'이라는 개념도 포함되었을 것이다.

바울은 개종자들을 위해 의도적으로 본을 보여 주고(살전 2:9; 살후 3:7-9) 그들에게 그렇게 살도록 명령했다(살전 4:11; 살후 3:10-13; 엡 4:28).

그렇다면 바울의 직업은 무엇이었을까?

사실 우리는 그의 직업을 정확히 모른다. 사도행전 18:3에서 우리는 바울과 아굴라, 브리스길라가 "장막 짓는 자"(σκηνοποιοί τῇ τέχνῃ)들이었음을

5　Halcomb, *Paul the Change Agent*, 215-16.

알 수 있다. 헬라어 "스케보포이오스"(σκηνοποιός, 텐트 메이커)라는 단어는 사도행전 18장에서 나오고, 사용할 수 있는 모든 고대 헬라어 기록 중 두 곳에서만 나타난다. 장막을 만드는 데 사용된 다양한 유형의 장막과 재료 (가죽 또는 천)가 있었다.

아마도 장막은 어떤 종류의 가죽으로 만들어졌을 것이다(예: 군용 장막, 비즈니스 차양, 광장의 텐트, 극장 텐트 등). 또 다른 비학술적 출처(내가 찾을 수 있는 한)에 기인한 주장은 바울이 유대인 개인들을 위한 '기도 장막'을 만들었다는 주장이다. 정확한 직업과 관계없이 바울은 자신을 부양하고 동료들(신자와 불신자 모두)과 네트워크를 형성하여 다른 사람들의 필요를 채워 주는 이동식 작업을 수행했다.

바울의 이런 일은 당시의 다른 유대인 상인들과 다르지 않게 그의 왕래에 영향을 미쳤다(약 4:11-13 참조). 그들은 상업 운송 루트를 의존하는 동시에 때로는 그들의 직업 이름을 딴 도로들이 있는 도시 내의 구역 안에서 함께 모여 무역하는 다른 사람들과 함께 네트워크를 형성했다.[6] 같은 일을 하는 사람들 사이의 태도는 경쟁적이기보다는 협력적이었다.

키너(Keener)는 보다 최근에 고대의 일, 비즈니스 및 바울의 장막 만들기의 맥락에 대해 매우 유용한 조사 결과를 제공한다.[7] 또한, 로날드 F. 호크(Ronald F. Hock)의 천막 제작에 관한 연구는 고대 길드 및 네트워킹의 상황을 이해하기 위해 여전히 읽을 가치가 있다.[8]

그렇다면 바울은 왜 복음을 전하면서 일했으며, 이것이 오늘날 우리에게 어떤 의미를 지니고 있는가?

---

6 다음의 글을 참조하시오. Edward B. Pollard, "Commerce," ed. James Orr et al., *The International Standard Bible Encyclopaedia* (Chicago: The Howard-Severance Company, 1915), 688. 또한, 다음의 글도 참조하시오. Keener: "That Paul would find fellow Jews of the same trade is no more surprising than his ministry starting in the synagogues" (Acts, 2719).
7 Keener, *Acts*, 2714-2736.
8 Ronald F. Hock, *Social Context of Paul's Ministry: Tent-Making and Apostleship* (Philadelphia: Augsburg Fortress, 1980).

사실 이것은 중요하고 복잡한 질문이다. 데살로니가전서 2:1-13에서 바울은 그 자신을 일종의 기만이나 속임수의 동기에서부터 거리를 두기를 원했다. 예를 들어, 비록 지속적인 가치는 없지만, 사람들을 즐겁게 하기 위한 한 형태로 소피스트들은 여행하면서 연설(또는 가르침)했고 그 대가로 돈을 받는 것이 그 당시 흔한 일이었다.[9]

그러나 바울은 직접적으로 그리고 즉각적으로 자신이 사역했던 사람들로부터 대가를 받지 않은 것으로 보인다. 이것은 아마도 그를 후원하기 위해 경쟁할 수도 있는 사람들 사이의 갈등을 피하고 그의 자유와 성실함을 상실케 하는 것을 방지하기 위함이었을 것이다. 왜냐하면, 재정적 지원을 받는 사람들은 그의 후원자들에게 편애를 보여야 하는 사회적 의무가 있었기 때문이다.

사도 바울은 그의 자유 무결성의 손실을 방지하기 위해 대가를 요구하지 않았다. 사실 (부유한) 고린도 신자들의 후원을 거부하는 것은 그들을 향한 비방에 해당했으며, 바울이 그들에게 보내는 편지에서 반드시 다루어야 했던 주제였다.[10] 목회자들에게 주어지는 돈/십일조/선물 등은 종종 목회자들에게 가장 큰 영향력을 미칠 수 있는 부유한 사람들에게서 나온다.

이런 종류의 '후원'은 바울이 고린도인들과 그의 사역 전반에 걸쳐 반대했다. 그 결과 바울은 한 교회로부터 재정적 지원을 받기는 했지만, 다른 지역에서 사역하는 동안 헌금을 하는 사람들이 그에게 관대하게 드린 것

---

9 이에 관한 고전적인 연구는 브루스 W. 윈터(Bruce W. Winter)가 했다. "The Entries and Ethics of Orators and Paul (1 Thessalonians 2:1-12)," *Tyndale Bulletin* 44.1 (1993): 55-74.
10 피터 마샬(Peter Marshall)의 심오한 연구를 참조하시오. *Enmity in Corinth: Social Conventions in Paul's Relations with the Corinthians, WUNT 2.23* (Tübingen: Mohr Siebeck, 1987). 고린도후서에 나오는 바울의 실패한 여행 계획, 일관성 없는 말, 그리고 돈을 다루는 데 있어 재정적인 속임을 포함하여 바울에 대한 혐의 수준에 대한 나의 전문적 연구를 참조하시오. *Fredrick J. Long, Ancient Rhetoric and Paul's Apology: The Compositional Unity of 2 Corinthians, SNTSMS 131* (Cambridge: Cambridge University Press, 2004).

에 대해 직접 혜택이나 심지어 영예/찬양(하나님께만 속한 것)받지 않았다.

예를 들어, 빌립보 교회(고후 8:1-5의 마게도니아인)의 도움을 받았을 때 에베소에서 궁핍한 때였다. 빌립보 사람들의 편지는 그가 로마에서 도움이 필요할 때 더 많은 도움을 요청했다.

이런 관행은 신자들이 즉각적인 상호 보상 없이 다른 사람들에게 관대하게 함으로써 그리스-로마 후원 시스템의 규범이었던 찬양과 영예를 위해서가 아닌 그들 자신을 하나님의 일에서 '사역/섬김'(헬라어 동사 διακονέω)을 실천하게 했다. 이것은 또한 바울의 국제 구호 기금(모금 노력)이 반복적으로 정확하게 '사역/봉사'(고후 9:1-5, 12-15)를 수행하는 수단이 되는 것을 설명한다.

현대의 상황에서도 나는 종종 이런 문제를 감지한다. 교회 참석자들은 목회하는 대가로 목회자들에게 사례비를 지불하고 자신들은 사역할 필요가 없거나 교회 사역에 적합하지 않다고 생각한다. 이것은 큰 문제이다. 또한, 작은 교회들이 목회자의 봉급을 감당하기 위해 고군분투하는 것을 보았고, 이것이 목사와 교인 모두에게 부담이 되고 때로는 그 교회가 폐쇄되기도 한다.

마지막으로, 목회자들은 때때로 사실이든 아니든 열심히 일하지 않는 것으로 인식된다. 바울은 이런 인식을 강하게 거부하고 오히려 자신을 열렬한 노동의 본보기로 삼고 오랜 시간 일을 했다(행 20:31, 35; 살전 2:9; 살후 3:8). 교회 개척에 장막 제작 방식을 채택한 것은 실제로 교회 지도자들이 비즈니스를 잘 운영하는 데 필수적인 가치, 기술, 관행 및 미덕을 사용하도록 요구함으로써 사역의 유지 가능성에 도움이 될 수 있는 점을 고려했다는 사실은 흥미로운 것이다.

사실 사도 바울은 최고의 가정 관리 덕목에 대해 논의한 고대 토론을 바탕으로 정확하게 '하나님의 권속' 내에서의 교회 리더십을 설명했다.

4. 교회 리더십의 미덕 및 현대 비즈니스 모델

목회서신에서 목사의 특성에 대한 바울의 설명은 동시대의 '비즈니스 지침서'에서 차용되었다. 이런 사업 지침서에는 주인의 재산을 관리하고, 비즈니스를 감독하는 청지기(많은 경우 노예들)들의 모범적 사례들이 적혀 있다. 참으로 바울에게는 "하나님의 권속 안에서 합당히 행하는 것"은 중요한 일이었다(딤전 3:15; 참조, 딤전 1:4).

여기서 강조되는 것은 가정으로서의 교회는 하나님께 속했으며 하나님의 관할 아래 있다는 것이다. 이런 놀라운 연결은 처음엔 에드윈 해치(Edwin Hatch)에 의해 설명되었고[11] 나중에 학계에서 논의되었다.[12]

바울이 어느 정도 은유적으로 생각했겠지만(하나님의 집은 사람의 집과 같으며 유사하게 관리되어야 한다는 것), 여전히 광범위한 정도의 서신에서는 바울의 마음에 가정 안에서의 비즈니스와 교회 회중 사이에 완전한 관계가 존재함을 시사하고 있다.[13]

11　Edwin Hatch, *The Organization of the Early Christian Churches. Eight Lectures Delivered Before the University of Oxford, in the Year 1880, on the Foundation of the Late Rev. John Bampton*, 3rd ed. (London: Longmans, Green, & Co., 1918).
12　다음 글을 참조하시오. Abraham J. Malherbe, "Overseers as Household Managers in the Pastoral Epistles," in *Text, Image, and Christians in the Graeco-Roman World a Festschrift in Honor of David Lee Balch*, ed. Aliou Cissé Niang and Carolyn A. Osiek, Princeton Theological Monograph Series 176 (Eugene, OR: Pickwick, 2012), 72–88 and John K. Goodrich, "Managing God's Household: Overseers as Stewards and the Qualifications for Leadership in the Pastoral Epistles," in Disputed Pauline Section (paper presented at the Society of Biblical Literature Annual Conference, San Francisco, November 21, 2011); idem, "Overseers as Stewards and the Qualifications for Leadership in the Pastoral Epistles," Zeitschrift für die Neutestamentliche Wissenschaft und Kunde der Älteren Kirche 104 (2013): 77–97.
13　특별히 다음의 책을 참조하시오: Goodrich, *'Managing God's Household.'*

디모데전서 3:1-7에서 감독자의 직분에 대한 이런 특성들이 중요하기 때문에, 아래에 나는 NASB 성경 번역본과 헬라어 단어 정의 중에서 몇 가지 중요한 사항들을 포함시켰다.[14]

(1) 나무랄 데 없는[ἀνεπίλημπτος, ον](또한 ἀνεπίληπτος)
약점 잡히지 않아야 하며, 도덕적으로 흠이 없고 책망할 것이 없어야 한다(딤전 5:7).

(2) 한 아내의 남편이어야 하며[μιᾶς γυναικὸς ἄνδρα]

(3) 온화하며[νηφάλιος, ία, ον]
포도주를 마시지 않고, 인격적이며, 냉정하고, 절제해야 한다.

(4) 신중하며[σώφρων, ον gen. ονος]
건전하며 건강한 마음을 갖고, 욕망과 충동을 억제하여 절제를 잘하며, 질서 정연한 삶을 살고, 스스로 통제하고 분별력 있는 삶을 영위할 수 있는 능력 가져야 한다.

(5) 존경할 만하고[κόσμιος, ον]
잘 정리되어 있어야 한다. 인격적이며, 훈련되었으며, 존귀하고, 존경받을 만한 사람이며(딤전 3:2), 겸손하고 분별 있으며 품위 있는 옷차림을 해야 한다(딤전 2:9).

(6) 환대하며[φιλόξενος, ον]
낯선 사람에게 사랑을 베풀어야 하고, 그 결과 나그네들을 대접하며 나그네들에게 친절을 베풀어야 한다(벧전 4:9).

(7) 가르칠 수 있으며[διδακτικός, ή, όν]
가르침에 뛰어나야 한다(딤전 3:2).

---

14 헬라어 단어 정의와 데이타(약간 수정됨)는 바바라와 디모데 프리버그(Barbara & Timothy Friberg)에서 가져온 것이다. Analytical Lexicon of the Greek New Testament, Baker's Greek New Testament Library 4 (Grand Rapids: Baker, 2000), s.v.

(8) 포도주에 중독되지 않으며 [πάροινος, ov]
   술 취하거나, 습관적으로 너무 많이 마셔 말다툼하는 경향이 있는 사람, 술주정뱅이가 아니어야 한다.
(9) 노골적이지 않으며 [πλήκτης, ου, ὁ]
   투쟁자, 인색한 사람, 괴롭히는 사람, 다투는 사람이 아니어야 한다.
(10) 온유하며 [ἐπιεικής, ές]
   온유하고, 친절하며, 관용해야 한다(딤전 3:3).
   실질적인 (명사로) τὸ ἐπιεικές ἡ ἐπιείκεια 온유, 관용(빌 4:5)을 말한다.
(11) 평화로우며 [ἄμαχος, ov]
   싸우거나 다투지 않고, 평화로운 것을 말한다.
(12) 돈에 대한 사랑에서 벗어나야 한다.
(13) 그는 자신의 가정을 잘 관리하는 사람이어야 한다 [προΐστημι]
   προΐστημι는 신약에서만 사용되는 자동사이다.
   ① (중간태로) 책임감 있게 자신을 인도, 지시, 통치한다(딤전 5:17).
   ② 적극적이며, 보호하는 지도력을 소유하고 있으며, 다른 사람을 도우며, 도움을 준다(살전 5:12).
   ③ 책임 있는 어떤 일에 몰두하며 노력한다(딛 3:8; 롬 12:8; 살전 5:12; 딤전 3:12; 5:17).
   ④ 그의 자녀들을 모든 존엄으로 통제한다 [ἐν ὑποταγῇ] [μετὰ πάσης σεμνότητος] [ὑποταγή, ῆς, ἡ].
   여기서 존엄은 신약성경에서 유일한 수동태이며 존엄, 진지함, 예의를 존중하며, 진지하고 가치 있는 행위로서 순종, 복종, 종속을 의미함 [τσεμνό] [τηςμνό].
   ⑤ "사람이 자기 집을 다스릴 줄도 알지 못하면 어찌 하나님의 교회를 돌보리요?"

(14) 새로운 개종자가 아니고[νεόφυτον][목적], 교만[τυφωθεὶς][원인] 하지 않으며, 마귀가 준 정죄[결과]에 떨어지지 않는다[공동운명] [τυφόω].
① 연기 또는 안개로 감싸인다.
② 신약에서 이 단어는 비유나 수동태로 쓰인다.
③ 교만하거나 매우 거만하다(딤전 3:6).
④ 어리석고, 자신의 중요성에 대해 어리석은 생각을 하다(딤후 3:4).
(15) 그는 교회 밖에 있는 사람들에게 좋은 평판[μαρτυρίαν καλὴν]을 얻어야 하며[목적], 그는 욕을 당하지 않도록 해야 한다. 치욕과 마귀의 올무[παγίδα]이다[παγίς, ίδος, ἡ].
① 올무, 올가미, 그물(눅 21:35).
② 은유적으로 사용된다면 로마서 11:9에서는 갑작스럽고 예상치 못한 판단의 함정, 숨겨진 위험, 오류의 원인으로 이끄는 잘못된 안정감, 기만적인 속임수, 얽매임을 제어하기 위한 마귀의 책략(딤전 3:7), 불법 행위에 대한 모든 유혹을 말한다. 유혹, 끌림(딤전 6:9).

사도 바울이 가계 관리를 위해 최고의 비즈니스 덕목에 대한 동시대의 사고방식을 사용했다는 것은 오늘날 우리 각자의 문화적 환경에서도 동일하게 적용된다. 즉, 우리 자신의 동시대 비즈니스 모델에서도 통찰력을 갖고 분별력 있게 수집, 적용할 수 있다는 것을 의미한다.

비록 완전히 일대일로 적용되는 것은 아니었겠지만, 유덕한 성품, 적절한 전문성, 효율적 관리, 그리고 가족 기업과 같은 교회의 현명한 덕목들은 불신자들에게 효과적으로 복음의 진리를 증거로 제시하는 데 도움을 주었을 것이다.

오늘날에도 그렇게 할 수 있다. 사도 바울은 불신자들이 교회를 지켜보고 있음을 알고 있었다(예: 고전 14:16, 23-25). 디모데전서 2장에서 그는 신자들에게 "하나님은 모든 사람이 구원받기를 원하시기 때문에 모든 사람이 볼 수 있도록 선과 덕을 행할 것"(딤전 2:4)을 촉구했다.[15]

따라서 주변 사람들이 교인들의 상호 연결된 삶을 보았을 때, 그들은 이질적이고 질서가 없는 것이 아니라 친숙하고 잘 관리되고 생산적인 것을 보았을 것이다. 이것은 그들에게 증거가 됐을 것이다. 슬프게도 오늘날 일부 교회는 배타적인 사교 클럽으로 인식되거나 묘사되며, 더 심하게는 의미 있는 삶과 사회적 담론에서 단절된 무의미하고 모호한 도당으로 인식되고 묘사된다.

그렇다면 초대 교회는 목회자들에게 사례비를 지급했을까?

그들이 돈을 받았는지에 대해서는 분명치 않다. 디모데전서 5:17-18에 따르면 아마도 설교하고 가르친 사람들에게만 해당됐을 것이다. 게다가 이들마저도 급여를 받기 위해 추가 작업을 했는지는 불분명하다. 목회자에 대한 전액 지급은 다음과 같은 두 가지 범주의 사람들로 제한되었을 것이다.

첫째, 현지 교회가 수립되지 않아 현지 지원이 아직 확립되지 않은 새로운 지역에서 설교하는 데 모든 시간을 투자하는 '최전선 선교사'

둘째, 설교와 가르침에 헌신한 사람들

후자 그룹은 왜 급여를 받았을까?

성경을 연구하는 사람들, 즉 성경 원어를 부지런히 공부하고 하나님 말씀의 전체 교훈을 연구하고 가르칠 자료를 준비한 사람들은 그러한 작업

---

15 디모데전서 2장에서 사회적 예절과 전도 효과를 위한 덕행에 대한 광범위한 호소에 대한 조사는 내 소논문을 참조하라. "A Wife in Relation to a Husband: Greek Discourse Pragmatic and Cultural Evidence for Interpreting 1 Tim 2:11-15," *The Journal of Inductive Biblical Studies* 2.2 (2015): 6-43 available at http://place.asburyseminary.edu/ jibs/vol2/iss2/3/.

을 준비하는 데 상당한 시간을 투자한다. 그들은 그들의 시간을 완전히 투자하는 정규직이다. 당시 산업화 이전, 컴퓨터 이전, 인터넷 이전의 조명과 작업 제약을 감안할 때 그것은 더욱 그러했을 것이다.

또한, 그리스-로마 문화에는 안정적이고 평판 좋은 교사들에게 급여를 지급하는 전통이 있지만 여행하면서 한밑천 잡으려고 하는 소피스트들(궤변가들)은 의심받았다. 의미심장하게도 바울은 말씀을 가르치고 전파하는 사람들에게 돈을 지급하라고 촉구했다. 동시에 바울은 그리스도를 따르는 사람들에게, 모든 사람, 특히 하나님의 집에 있는 사람들에게 선을 행하라고 촉구했다(갈 6:10).

5. 바울의 선행

바울은 우리가 우리 자신을 구원할 수 없다고 분명히 말한다. 동시에 그는 신자들에게 "세월을 아끼라"(엡 5:16)라고 호소한다. 이 말은 시장에서 비유적으로 사용하는 표현으로 문자 그대로 '기회를 사다' 그리고 '의를 행하는 열매를 맺다'(엡 5:9-10)라는 뜻이 있다.

예수님의 선한 일과 희생을 통한 하나님의 은혜에 대한 반응으로 바울은 신자들에게 '선한 일을 행해야 한다'고 지적했다(엡 2:8-10). 이런 생산적인 '일'은 하나님이 주셨고 창조 때에 하나님의 '선한' 일에 근거를 두고 있다(창 2:2-3, 15, 18).

바울은 자원을 위해 일한다는 것은 신자들이 궁핍한 사람들에게 무언가를 줄 기회를 얻을 수 있다고 반복해서 표현했다(엡 4:28; 살전 4:11; 살후 3:8, 11-13; 고후 9:6-12; 롬 15:26-27; 딛 3:8, 14; 참조, 눅 3:11). 만약 가난하고 궁핍한 사람들을 돌보는 데 자원이 필요하다면 신자들은 그들에게 베풀기 위해 일하는 데 관심을 가져야 한다.

내가 가르치는 박사 과정에 있는 학생 중 루크 토마스 포스트(Luke Thomas Post)라는 학생이 있다. 그는 바울의 글에서 '선'에 관한 언급에 관해 연구하고 논문을 쓰고 있다.[16] 이 논문은 참으로 매혹적인 연구이며 후에 출판되면 교회에 큰 축복이 될 것이다. 루크가 지금까지 조사한 것은 선을 행하라는 바울의 권고가 그의 초기 편지의 끝부분에 일반적인 명령으로 나타난다는 것이다(갈 6:6-10; 살전 5:15, 21; 살후 3:13).

에베소서 외에도 이런 기록의 맥락에서 볼 때 그러한 선은 다른 사람들에게 유익을 제공하기 위해 '일/노동'에서 산출된다(살전 2:9; 4:11-12; 살후 3:6-15; 엡 4:28). 중요한 것은, 바울이 데살로니가후서 2:15-17에서 신자들에게 선을 행하라고 권고한 것은 그들이 말이나 편지로 받은 '전통'을 고려한 것이다(참조, 살후 3:6; 고전 11:2, 23).

이 '전통'이라는 단어는 예수님에게서 유래했고, 바울을 통해 초대 제자들이 전한 교육 자료를 가리키는 것이다. 마찬가지로 자기 손으로 일하고 도움이 필요한 사람에게 나누어 주기 위해 선을 행하라는 바울의 명령(엡 4:28)은 이전에 신자들에게 그리스도를 배우고 "예수 안에서"(4:20-21) 진리를 배우라고 촉구한 것으로 이어진다.

여기서 "예수 안의 진리"란 이 땅에 오신 예수님이 하나님 나라의 메시지를 구현하기 위해 인간으로 삶을 사시고 사역했던 모든 것을 의미한다. 따라서 바울의 글은 좋은 소식을 선포한다는 복음의 맥락에서 다른 사람의 선을 위한 선행의 방식으로 예수님과의 연속성을 보여 준다. 바울은 인간에 대한 하나님의 구속이 사람들을 생산적이고 풍요로운 삶으로 회복시켜 다른 사람들을 축복한다는 것으로 이해했다.

---

16 루크는 2019년 봄에 그의 논문을 디펜스하고 출판할 것이다. 나는 그의 연구에 대해 간단히 언급할 수 있도록 그에게 허락을 받았다.

6. 나가는 말

사도행전에서는 비즈니스와 노동으로 인해 소득이 생성되었다는 것을 추정할 수 있게 하지만, 사실 누가는 복음이 가정과 다양한 비즈니스 부문을 통해 어떻게 전파되는지를 보여 주려고 노력했다. 교회 모임을 위한 비즈니스 모델을 채택하는 한 가지 이점은 중앙 집중식 위치가 예배와 네크워킹의 장소를 제공한다는 것이다. 초대 가정교회는 이런 이점을 반영했다.

또한, 사도행전은 초대 교회의 성장이 다양한 다른 작업 공간의 환경에서 어떻게 일어났는지 보여 주고 있다. 좋은 소식은 반기업적 관점이 아니라 친기업적 관점을 갖고 있다는 점이다. 동시에 복음의 사역은 사람들을 속이고 노예로 삼는 부당한 수입과 비즈니스에 도전한다.

또한, 사도행전에는 사도적 혁신가였던 사도 바울이 등장한다. 그는 또 다른 사역 모델, 즉 그가 사람들을 섬길 때 자기 손으로 손수 일하는 사역 모델을 보여 주었다.

그러한 이동식 작업 덕분에 그는 아무런 제약 없이 복음을 전할 수 있었다. 그러나 그 이상으로 바울은 자신을 신자들이 따라야 할 본이며, 궁핍한 자들을 구제하기 위해 스스로 일할 수 있는 사람으로 제시했다.

결국, 복음과 비즈니스의 교차점은 자연스러운 것이다. 왜냐하면, 이것이 예수님과 그분의 선한 창조를 위한 하나님의 계획에서 발견되기 때문이다. 그리스도 안에서 하나님은 인간과 그들의 일을 구속하기 위해 교회의 모임과 가정의 자리를 사용하신다.

이것은 예수님과 초대 제자들, 바울을 닮아 본보기로 삼는 일터교회 개척자들에겐 좋은 소식이다. 다음 장에서는 일터교회 개척에 대한 요구가 실제로 어떻게 예수님의 대위임령에 뿌리를 두고 있는지 탐구할 것이다.

제6장

대위임령: 일터 사역을 위한 신학적 기초와 의미
(티모시 C. 테넌트)

1. 서론

예수님의 제자들이 씨앗처럼 세상으로 흩어지는 모습은 하나님의 백성에 대한 가장 지속적인 은유 중 하나이다. 그러나 증가하는 사역의 전문화와 안수 과정을 둘러싸고 있는 자격 인증 게이트키핑(gatekeeping)에 의해 그 모습들이 점점 가려지고 있다.

이번 장의 목적은 교회에 대한 예수 그리스도의 마지막 명령을 탐구하고, 세상 속의 증인으로 하나님의 백성을 부르시는 하나님의 선교(*missio Dei*)를 살펴보는 것이다. 이를 위해 신약성경의 '대위임령' 구절을 하나씩 살펴보는 것을 통해 진행하려고 한다.

2. 대위임령에 관한 설명

'대위임령'이라는 다소 일반적인 표현은 예수 그리스도께서 제자들에게 마지막으로 명령하신 말씀을 이르는 것으로 비교적 현대적인 표현이다. 예를 들어, 현대 선교 운동의 아버지로 널리 알려진 윌리엄 캐리(William Carey)는 『고찰』(*An Enquiry*)로 알려진 그의 획기적인 논문에서 '대위임령'이라는 문구를 사용하지 않았다.

이 단어가 인쇄본에서 처음으로 등장한 것은 1899년도에 출판된 총 세 권으로 구성된 책,『교회선교협의회의 역사』(History of the Church Mission Society)¹이다. 이 구절은 종종 마태복음 28:18-20과 함께 명시되며, 이는 불행히도 복음의 나머지 큰 부분과 더 큰 성경적 맥락에서 분리된 고립된 문장으로 자주 취급되었다.

교회에서 마태복음 28:18-20을 어떻게 해석했는지에 대한 역사를 완전히 탐구하는 것은 이 연구의 범위를 벗어난다. 그러나 충분히 입증할 수 있는 증거가 있다. 교회 역사 속에서 대위임명령은 사명 받은 최초의 사도들에 의해 이미 성취된 것으로 생각되었기 때문에 일반적으로 선교 문서로 인용되지 않았다.

이 본문은 주로 다른 목적으로 사용되었으며, 교회의 논쟁으로 인해 그 전체 내용이 모호해지는 경우가 많았다. 그 용법을 조사한 결과 이 문장이 모든 선교의 기초로 사용되었기보다는 그리스도의 신성, 삼위일체, 또는 세례식에서 사용되는 정확한 단어를 지원하는 본문으로 인용되었을 가능성이 훨씬 더 많은 것을 알 수 있다.²

선교의 기초인 이 본문이 상대적으로 빈약하게 취급된 것은 수많은 책과 기사의 주제가 되고 정기적으로 인용되고 있는 현재와는 대조가 된다. 오늘날 그리스도의 마지막 사명은 '대위임령', '최종 선언문', 예수님 사역의 '절정', 또는 '복음의 가장 중요한 관심사'와 같은 문구를 포함하여 가장

---

1 '대위임령'이라는 구절은 3페이지의 첫 번째 장 제목으로 나타나며 4페이지의 본문에서 사용된다. 흥미롭게도 이 구절은 모든 복음 명령을 지칭하기 위해 집합적으로 사용되며 다른 구절들과 별도로 마태복음 버전을 구분하지 않는다. 참조, *History of the Church Missionary Society*, vol. 1, 'The Great Commission' (London: CMS, 1899), 3-4를 보라. Luther Wishard가 1895년에 출판한 *A New Programme of Missions*에서는 이 문구가 나오지 않는다. 그는 마태복음 28장 18-20절을 주님의 '은혜로운 명령'이라고 언급한다. Luther Wishard, *A New Program of Missions* (New York: Fleming Revell, 1895), 94 보라.

2 마태복음 28:18-20의 사용 역사에 대한 조사: Jack Davis, "'Teaching Them to Observe All that I Have Commanded You': The History of the Interpretation of the 'Great Commission' and Implications for Marketplace Ministries," Evangelical Review of Theology 25 (2001): 65–80.

고귀한 용어로 사용된다.[3]

이 특정 본문에 대한 관심이 전체적으로 보면 교회에 유익을 가져다주었다. 그러나 그것은 또한 교회에 대한 본래의 선교 명령과 그것이 하나님의 선교와 어떻게 연결되어 있는지에 대한 오해를 불러일으켰다. 또한, 이 구절을 복음과의 자연스러운 연결에서 분리하는 경향도 있었다. 따라서 이 장의 시작 부분에서는 몇 가지 부분을 확실하게 짚고 넘어가려고 한다.

3. 대위임령은 단일 본문이 아니라 여러 본문에 나타난다

첫째, 대위임령이라는 표현은 잘 알려진 마태복음 28:18-20만이 아니라 신약성경에 나오는 본문 전체를 가리키는 데 사용된다. 각 복음서와 사도행전은 제자들에게 명령하신 극적 장면을 기록하고 있다. 이 구절은 마태복음 28:18-20, 마가복음 16:14-18, 누가복음 24:44-49, 요한복음 20:19-23, 사도행전 1:7-8에서 찾을 수 있다.

둘째, 이런 구절들은 모두 그리스도께서 부활하신 후에 다양한 시간과 장소들에서 말씀하신 것임을 기억하는 것이 중요하다. 특히, 부활 후 40일이라는 협소한 기간을 고려할 때, 그리고 예수님의 부활 후 일반적으로 적은 기록들이 남아 있는 것을 고려할 때, 이런 구절들은 모두 부활하신 주님께서 말씀하셨다는 사실 자체만으로도 '위대한'이라는 형용사로 언급하기에 충분한 이유가 된다.

부활 이후 대위임령이 예수님의 가르침에 얼마나 핵심적인 역할을 했는지를 인식한다면 '위대한'이라는 형용사가 더욱 힘을 가지게 된다. 그리스도에 대한 하나의 사건들, 기적, 또는 말씀 등이 공통으로 공관 복음서, 혹

---

[3] 마태복음의 마지막 부분을 설명하는 인용문과 다른 인용문에 대하여: David Bosch, *Transforming Mission: Paradigm Shifts in Theology of Mission* (Maryknoll, NY: Orbis, 1991), 57.

은 4개의 복음서에 모두 기록되어 있다는 것은 드문 일이 아니다.

그러나 예수 그리스도께서 제자들에게 최종적으로 위임하신 일은 그렇지 않은 것 같다. 제시된 이야기 사이의 언어가 현저하게 다를 뿐만 아니라 배경 설정도 다양하다. 이것은 예수님이 예루살렘, 갈릴리, 부활하던 날 밤 굳게 닫혀 있던 방, 그리고 승천 직전의 베다니를 포함하여 40일 동안 여러 곳에서 다양한 버전의 대위임령을 반복하셨다는 것을 의미한다.

셋째, 이런 다양한 대위임령의 특수성은 각 명령이 고유한 성경적 배경의 완전성과 더 큰 맥락 내에서 탐구되어야 할 것을 요구한다. 복음서 저자들은 이런 대위임령 구절을 그들이 펼치고 있는 복음서 이야기의 절정 역할을 하는 위치에 두었다. 이런 구절들은 그 맥락을 파악하지 않고 따로 해석될 때 의미가 결핍된다.

문제는 각 구절이 확실하게 그 고유한 배경에서 해석될 수 있도록 하는 것과 동시에 그들이 어떻게 교회를 섬기고 하나님의 선교와 연결되는지 보는 것이다. 이 장의 다음 부분에서는 각 문장이 속한 더 큰 틀 내에서 각 문장을 검토할 것이다.

4. 마태복음: 모든 민족으로 제자를 삼아 아브라함 언약을 완성하다

1) 마태의 복음과 '모든 민족'을 향한 사명

마태복음 28:18-20이 마태복음의 더 큰 맥락에 어떻게 어울리는지 보여 주는 것부터 시작하고자 한다. 마태복음의 대표적인 몇 구절은 대위임령이 복음의 전체적인 메시지와 완전히 일치하면서도 흘러나오고(flow out of) 있다는 것을 보여 주고 있다.

(1) 족보

마태복음과 누가복음만이 예수님의 족보를 포함하고 있다. 마태복음의 족보는 네 명의 비유대인 여성이 들어 있어 특별하다. 다말(마 1:3), 라합(마 1:5), 룻(마 1:5), 그리고 밧세바(마 1:6). 그러나 누가복음에는 비유대인이나 여성들이 들어있지 않다.

다말과 라합은 가나안, 룻은 모압인, 그리고 밧세바는 히타이트족이라고 여겨진다. 이런 이름들을 포함함으로써 마태복음은 유대인 독자들에게 비유대인 민족 중에도 성실하고 경건한 사람들이 있으며 하나님의 변화적인 은혜는 모든 민족에게로 확장된다는 것을 상기시켜 준다.

(2) 동방박사

예수님께 금, 유향, 몰약을 예물로 바치기 위해 동쪽에서 온 동방박사들의 여정은 유대 메시아에게 흘러드는 세계 열방의 강력한 상징이다. 마태복음 첫 장에 등장하는 그들의 존재는 "열방은 네 빛으로, 열 왕은 비취는 네 광명으로 나아오리라"[4]라는 이사야의 예언을 상기시킨다. 마태는 그의 전체 복음을 처음에 예수님께로 흘러가는 열방(동방박사들)으로, 마지막에는 열방으로 흘러가는 제자(대위임령)로 틀을 잡고 있다.

또한, 예수님께 드리는 선물들은 일터(martketplace)에서 나온 것이므로 구약의 예언과 그 성취 모두는 인간 상업의 전체가 예수 그리스도의 주권 아래 있음을 보여 주고 있다.

(3) 이집트(애굽)로 도주

동방박사의 방문 직후 마태는 요셉, 마리아와 예수님이 이집트로 이동하는 것을 기록하고 있다. 물론 이것은 이스라엘 자손이 이집트에서 나온 출애굽을 재연하는 점에서 중요하다(호 11:1). 그러나 이것이 "이집트가 압

---

4 모든 성경의 인용은 달리 명시되지 않는 한 NIV(1984)에서 가져온 것이다.

박과 속박의 상징에서 이스라엘 메시아의 피난처와 보호자로 변하는 것"[5]을 의미하기도 함을 간과해서는 안 된다. 이 상징은 민족들을 화해시키는 복음의 능력에 대한 새로운 간증이다.

(4) 예수님의 사역 개시

마태복음에서 예수님은 "이방인의 갈릴리"에서 사역을 시작하시고 나중에 복음이 끝날 때 마태복음에만 예수와 천사들이 "열방"에(마 28:18-20) 대한 최종 사명 받기 위해 제자들을 갈릴리로 인도하는(마 26:32; 28:7) 기록이 나온다. 마태복음에서 예수님은 유대교와 구약 계시, 성전의 중심지인 예루살렘이 아닌 '현장'으로 상징되는 애굽과 갈릴리에서 예수님의 생애와 사역을 시작하고 끝맺는다.

(5) 마태복음에 나타난, 이스라엘을 넘어선 하나님의 은혜

마태복음은 명백하게 믿지 않는 이방인들을 대항하는 이스라엘이 자동적으로 하나님 나라를 소유하는 것이 아니라는 것을 입증하는 매우 폭넓은 그리스도의 가르침을 포함한다. 마태복음에 특별히 기록된 포도원 일꾼의 비유(마 20:1-16)에서 포도원에 늦게 도착한 사람들은 '종일 수고와 더위를 견딘 우리와 같게' 보상받는다.

또한, 마태복음에만 있는 두 아들의 비유(마 21:28-32)에서 처음엔 반역한 아들이 나중엔 그의 순종으로 칭찬받는다. 공관 복음서에는 포도원 소작인의 비유가 있지만, 마태복음에만 "하나님의 나라를 너희는 빼앗기고 열매 맺는 백성이 받으리라"라는 이스라엘에 대한 예수님의 결론적인 적용이 포함된다(마 21:43).

---

5 James LaGrand, *The Earliest Christian Mission to 'All Nations' in the Light of Matthew's Gospel* (Atlanta: Scholars Press, 1995), 180.

혼인 잔치의 비유(마 22:1-14)에서 잔치에 청함을 받은 사람들은 너무 정신이 없어서 오지 못하므로 처음에 청함을 받지 않은 사람들을 데려오기 위해 거리 모퉁이로 나가라는 지시를 받았다. 이런 점은 열 처녀의 비유(마 25:1-13), 달란트의 비유(마 25:14-30), 그리고 양과 염소의 비유(마 25:31-46)에서도 비슷하게 볼 수 있다.

마태복음에는 로마 백부장의 하인과(마 8:5-13) 가버나움 지역에서 온 두 명의 귀신 들린 사람을(마 8:28-34) 포함하여 예수님이 비유대인을 고치신 이야기도 포함하고 있다. 마태는 하나님의 은혜가 이스라엘과 맺은 언약의 특별함을 넘어서 확장되는 방법에 관심이 있다.

(6) 마태의 묵시록

마태복음 24-25장은 마태복음의 다섯 번째이자 마지막 주요 설교이다. 이 마지막 담론은 마지막 때에 초점을 맞추고 있다. 예수님은 전쟁, 기근, 지진, 거짓 선지자, 그리고 악의 증가와 같이 끝에 올 많은 소란스러운 징조에 대해 논의하신 후 제자들에게 "끝까지 굳건히 서라"고 격려하신다.

그런 다음 14절에서 예수님은 "이 천국 복음이 모든 민족에게 증거되기 위해 세상에 전파되리니 그제야 끝이 오리라"라고 말씀하신다. 14절은 예수님이 "모든 민족"에게 그의 교회의 완전하고 보편적인 사명을 계시함에 따라 최종 결과에 대한 낙관주의와 희망에 대한 진술이다.

2) 마태의 대위임령

마태복음의 주제에 대한 간략한 조사에 비추어 보았을 때, 예수님의 대위임령(마 28:18-20)은 그의 복음의 더 큰 맥락에서 자연스럽게 흘러나온다는 것이 분명하다. 예수님은 제자들에게 "하늘과 땅의 모든 권세를 내게 주셨으니"(마 28:18)라고 말씀하셨다. 이것은 마태의 대위임령에 관한 논의에서 널리 무시되는 구절이다.

우리는 실제 대위임령을 실행하기를 열망하여 전체 지상명령이 세워지고 있는 중요한 신학적 기초를 보지 못한다. 마태복음 28:19-20의 대위임령은 예수님이 누구이시며 마태가 갈릴리에서 예수님을 만나기 전에 그에게 주어진 것이 무엇인지에 대한 사전적 이해의 기초를 두고 있다. 그의 대위임령은 예수님의 임재와 그에 수반되는 신성한 권위에 관한 확인으로 시작하고 끝이 난다.

다시 말해, 예수님의 존재가 교회의 행함보다 앞선다는 것인데, 과업 중심 교회에서는 너무 쉽게 간과되고 있는 부분이다. 예수님은 하늘과 땅의 모든 권세를 받는 분으로, 인간의 반응이나 교회에 기반을 둔 계획과는 완전히 분리되어 보인다.

예수님의 말씀은 다니엘 7장에서 언급한 것처럼 인자가 옛적부터 항상 계신 자에게로 인도된 사건에 대한 분명한 암시이다. 선지자 다니엘은 다음과 같이 선언한다.

> 그에게 권세와 영광과 나라를 주고 모든 백성과 나라들과 다른 언어를 말하는 모든 자들이 그를 섬기게 하셨으니(단 7:14).

이 구절은 하나님의 선교의 맥락 내에서 예수를 보내심을 의미한다.

예수님께 권세와 영광과 나라를 주신 분은 하나님 아버지이시다. 모든 나라가 궁극적으로 예수 그리스도를 주로 경배할 것이라고 결정하신 분은 하나님 아버지이시다(빌 2:9-11). 갈릴리에서의 열방의 종말론적 예배는 이미 현재 질서를 무너뜨리고 있었다. 제자들은 이 좋은 소식의 전령으로 파송된다.

따라서 마태복음 28:19-20에서 예수님이 제자들을 보내신 것은 하나님 아버지의 행동과 주도권 속에서라는 큰 틀 안에서 이해되어야 한다. 이것은 모두 그리스도의 권한과 교회의 사명 아래에 있는 일터 사역자들에게는 중요한 의미를 지니고 있다.

마태복음 28:19-20에서 예수님은 다음과 같이 말씀하셨다.

> 가서 모든 민족을 제자로 삼아 아버지와 아들과 성령의 이름으로 세례를 주고 내가 너희에게 분부한 모든 것을 가르치게 하라(마 28:19-20).

대위임령의 이 부분은 전체 구절에서 찾아볼 수 있는 유일한 명령형인 "제자로 삼으라"(μαθητεύσατε)라는 명령을 중심으로 구성되어 있다. 사실 이것은 마태가 그의 복음서에 "제자로 삼으라"라는 동사를 넣은 유일한 경우이다.

"제자로 삼으라"라는 명령은 교회가 가서, 세례를 주고, 가르치는, 세 가지 보조 분사로 둘러싸여 있다. 부활하신 주님의 존재 안에서 교회가 가서, 세례를 주고, 가르치는 지속적 활동으로 특징지어질 교회를 가정하여 이런 세 가지 보조 분사는 설명적이다. 전하러 가서, 세례를 주고, 가르치는 행위에서 예수님은 제자들이 모든 민족 가운데 교회로 알려진 종말론적 공동체를 모방하기를 기대하셨다.

"모든 민족"(πάντα τὰ ἔθνη, 모든 종족)이라는 단어는 많은 현대 선교학 관련 서적에서 상당한 주목을 받았다(한글 개역개정 성경에서는 ἔθνη를 "민족"으로 번역했지만, 대부분 선교학자는 이 단어를 '종족'으로 해석하는 데 동의한다-역자주). 이 구절에 관한 정확한 의미는 도널드 맥가브란(Donald A. McGavran, 1897-1990)과 랄프 윈터(Ralph D. Winter, 1924-2009)의 저서들에 의해 널리 알려졌다.

1954년에 출판된 도널드 맥가브란의 『하나님의 다리』(Bridges of God)에 이어 1970년에 출판된 『교회 성장 이해』(Understanding Church Growth)는 '장소' 중심에서 '종족 그룹'(people-groups)에서의 교회 개척 중심으로 옮김으로써 선교적 사고에 일대 혁명을 가져왔다. 1974년 랄프 윈터는 로잔에서 열린 제1회 세계복음화국제대회(The International Congress on World Evangelization)에서 현대 선교의 전환점으로 꼽히는 논문을 발표했다.

그의 논문 제목은 『최고 우선순위: 타 문화 전도』(The Highest Priority: Cross-Cultural Evangelism)이다. 이 논문에서는 현재 교회의 범위 밖에 있고, 어떤 타 문화권의 주도함 없이는 결코 말씀이 도달될 수 없는 수천 개의 종족 그룹이 존재한다는 점을 강조했다. 다양한 종족 그룹에 대한 초점은 마태복음 28장에서 예수님이 '모든 민족'을 제자로 삼으라고 명하셨다는 인식에 기초한다.[6]

단어 ἔθνη(종족)는 지리 또는 정치적 실체를 의미하지 않는다. 이 문구는 사람들의 사회적 및 민족적 그룹을 나타낸다. 그리고 이 구절은 '종족 그룹'이라는 표현이 잘 어울리는 구절이다. 이것은 하나님께서 세상의 모든 '후손들' 또는 '모든 민족'에 축복을 주시겠다고 약속하신 아브라함과의 약속에서 발견되는 언어를 떠올리게 하기 때문에 큰 의미가 있다.

또한, 예수님이 "종족 안에 있는 모든 사람을 제자로 삼으라"라는 개인주의적 강조로 해석될 수 있는 명령을 내리신 것이 아니라 "모든 종족을 제자로 삼으라"라는 보다 위압적이고 총체적인 명령을 하셨다는 점에 주목해야 한다. 다시 말해서, 한 민족으로서 우리의 사회적, 민족적 정체성을 구성하는 것이 무엇인지에 대한 전체 개념이 예수 그리스도의 주권 아래 있어야 한다.

앤드류 월스(Andrew Walls)가 지적했듯이, "국가적 특징, 각 국가를 대표하는 것, 공유된 의식과 공유된 전통, 그리고 공유된 사상과 관계의 패턴이 모두 예수님의 제자도의 범위 안에 있다." 그리스도는 "국가를 구성하는 단 하나"가 되셔야 한다.[7] 이것이 일터/일상 사역에 미치는 영향은 심오하다.

---

6 만약 예수님이 민족보다 지리나 정치 단위를 강조하고 싶으셨다면 ἀγρός(막 5:14; 눅 9:12; 23:26), χώρα (눅 2:8; 4:37; 15:13), δῆμος(행 12:22; 17:5; 19:30, 33), βασιλεία(마 4:17; 5:20; 막 1:15; 눅 9:27; 요 18:36) 또는 γῆ(마 6:19; 11:24; 24:35; 막 4:28; 13:31; 눅 21:23; 요 17:4) 등의 단어를 쓰셨을 것이다. ἔθνη의 사용은 수 세기 동안 선교학 저술과 담론을 지배해 온 전통적인 지리학적, 정치적 국가 정체성을 가리키는 것으로 보인다.

7 Andrew Walls, *The Missionary Movement in Christian History: Studies in the Transmission of*

우리는 실제로 이것을 "모든 종족의 세계로 가다"로 번역할 수 있는데, 이는 변호사의 세계, 학교 교사의 세계, 예술가와 영화 제작자의 세계, 그리고 과학자의 세계 등을 의미한다. 대위임령은 세계적인 규모의 개인 전도에 대한 부르심 그 이상이다. 그것은 "열방 가운데 순종하는 공동체"를 만들라는 예수님의 제자들에게 주어진 부르심이다.[8]

부활하신 예수님은 구별된 제자들의 공동체인 지역사회에 계속 임하실 것을 약속하심으로 사명을 마치셨다(마 28:20).

5. 마가: 고난 중에도 모든 피조물에 복음을 전파하라

마가복음은 신약성경의 두 번째 복음이지만 마태복음 이전에 나온 것으로 널리 알려져 있다. 따라서 마가복음에는 마태복음으로 이어지고 이미 탐구된 보편적 선교에 관한 몇 가지 주제가 포함하고 있다.

예를 들면, 포도원 소작인의 비유(막 12:1-12), 마태복음과 마찬가지로 "복음이 먼저 만국에 전파되어야 할 것이니라"(막 13:10)라고 기록되어 있던 마가복음의 작은 묵시록, 이방 지역에서의 예수님의 사역(막 7:24-30; 8:28-34), 그리고 그리스도께서 십자가에 못 박히실 때 이방인 백부장의 믿음의 고백(막 15:39)이 있다.

또한, 마가는 예수님이 값비싼 향유 한 병을 그분의 머리에 부은 여자를 칭찬하실 때 세계 선교를 예지했다.

예수님은 다음과 같이 선언하셨다.

Faith (Maryknoll, NY: Orbis, 1996), 27.

8 Christopher J. H. Wright, *The Mission of God: Unlocking the Bible's Grand Narrative* (Downers Grove, IL: IVP Academic, 2006), 391.

> 온 천하에 어디서든지 복음이 전파되는 곳에는 이 여자가 행한 일도 말하여 그를 기억하리라(막 14:9).

사복음서 모두 성전을 정결케 하시는 예수님을 기록하고 있다(마 21:12-13; 막 11:15-17; 눅 19:45-46; 요 2:13-16). 그러나 마가는 성전 정결에 관한 기록에서 이방인에 대한 보편적 사명을 더욱 강조한다. 마가는 이사야서 56:7, "내 집은 만민이 기도하는 집이라 일컬음이 될 것임이라"[9]라는 표현을 그의 복음서에 인용한 유일한 복음서 기자이다.

물론 예수님은 성전이 "만민을 위한 기도하는 집이라"(사 56:7)라고 하는 이사야의 선언을 인용하신 후 주권자이신 주님께서 이스라엘의 포로를 모으실 뿐만 아니라 "이미 모은 백성 외에 또 모으리라"(사 56:8)라고 하셨다. 아브라함에게 주신 최초의 언약 중심에 있는 주제는 바로 열방이 모인다는 주제이다.

1) 마가 익명의 대위임령

마가복음의 가장 오래된 필사본은 16:8로 끝난다. 이는 신학적으로 보나 언어적으로 보나 부자연스럽고 갑작스러운 끝남이다. 가장 초기의 사본들에서 자연스러운 결론이 없었고, 두 개의 새로운 결말(막 16:9-20 또는 16:9-10)에 이어 마가의 특징이 아닌 어휘와 문체의 특성을 포함하고 있기에 우리가 읽은 본문에 나타나는 마지막 대위임령이 원본인지에 대해 심각한 의심을 불러일으키고 있다.[10]

---

9 신학자들은 마태와 누가가 '모든 민족을 위하여'라는 구절을 생략한 것을 보편적 사명을 경시하려는 시도로 보지 않는다. 오히려 성전은 열방이 모이는 자연적 장소가 아니라 하나님의 심판 아래 있는 이스라엘의 상징으로 여겨진다. 이런 관점에서 그리스도 자신은 새로운 성전이요, 더 나아가 교회이다. G. K. Beale, *The Temple and the Church's Mission* (Downers Grove, IL: InterVarsity Press, 2004), 169-200.

10 시나이티쿠스나 비티카누스처럼 어떤 결말도 좋아하지 않는다. 마가복음의 짧은 결

일부 학자들은 마가복음 16:8이 마가복음의 원래 결론을 나타낸다고 확신한다.[11] 또한, 마가의 본래 결말이 손실되었고 마가복음의 현재 결말은 본래의 본문을 복원하려는 초대 교회의 시도일 수도 있다. 마가가 부활하신 후에 나타날 모습을 위해 제자들을 준비시키고 있는 예수님을 기록하고 있다는 점은 주목할 가치가 있다.

마가복음 14:28에서 예수님은 "내가 살아난 후에 너희보다 먼저 갈릴리로 가리라"라고 말씀하신다. 따라서 마가가 부활하신 예수님의 모습을 아예 생략한 것은 이상하게 보인다.

결국, 우리는 주님의 대위임령을 포함하는 마가복음의 익명 결말을 받았다. 초대 교회가 잃어버린 결말을 복원하기로 선택했다는 바로 그 사실은 복음의 합당한 정점으로서 최종 명령의 중요성에 대한 그들의 이해를 강조한다. 그러므로 이것을 추후에 추가된 것으로 이해하고 마가복음에 나타나 있는 주제에 강조점을 두어 몇 가지 관찰해야 한다.

말은 헬라어, 라틴어, 시리아어, 그리고 콥트어 필사본에서 찾아볼 수 있다. 결말은 이러하다. "그러나 그들은 베드로와 그와 함께한 사람들에게 자기들이 들은 것을 간략히 보고했다. 그 후에 예수님이 친히 그들을 통해 동에서 서까지 영원한 구원의 거룩하고 썩지 아니할 선포를 보내셨느니라" 그러나 '간략히'(συντόμως), '베드로와 그와 함께한 사람'(τοῖς περὶ τὸν Πέτρον), '보고'(ἐξήγγειλαν), '그 후에'(μετὰ ταῦτα), '동에서'(ἀνατολῆς), '서까지'(ἄχρι δύσεως), '보내다'(ἐξαπέστειλεν), '거룩'(ἱερόν), '썩지 아니할'(ἄφθαρτον), '선포'(κήρυγμα), and '구원'(σωτηρίας) 등 마가복음에 나오지 않는 단어와 구들이 많다.

11 만일 마가복음 16:8이 원래의 결론이라면, 갑작스러운 결말(복음서의 마지막 단어는 'for'라는 단어가 된다)은 자연스럽고 지나치게 깔끔하며 승리주의적 결론에 도달하지 않기 위한 의도적 시도로 박해를 받고 이동 중인 교회를 강조하기 위한 극적인 스타일의 결말을 나타낼 것이다. 대신 네로 왕의 박해 기간 동안 기독교 교회가 극도로 취약했다는 점을 강조할 것이다. 마태는 제자들과 함께 계신 예수님의 임재를 강조한다. 마가는 예수님의 부재, 즉 신랑이 부재함을 강조하고(막 2:20), 대신에 우리는 거짓 선지자의 등장을 경험한다(막 13:5; 6:21-22). 이를 통해 경계심이 고조되고 박해를 견뎌낼 의지와 그리스도의 귀환을 기대하며 살아야 할 필요성이 높아질 것이다. 누가복음에서는 성령의 지속적 존재와 능력이 강조된다. 반대로 마가복음은 교회가 그것에 대항하는 세력들 앞에서 무력함을 강조한다. 그리스도의 권능과 믿는 자들의 최후 심판은 그리스도의 재림(막 13:24-26)때에만 이루어질 것으로 예상된다. 그때까지 신자들은 박해(막 13:13) 앞에서 인내해야 한다.

첫째, 이 구절에서 발견되는 유일한 명령형은 '선포하다' 또는 '전파하다'(막 16:15)라는 단어이다. 이 구절은 '만민'에게 복음을 선포하라고 교회에 명령한다. 이것은 선포, 혹은 설교가 사실 마가복음의 중심 주제이기 때문에 특히 주목할 가치가 있다. 요한이 회개의 세례를 전파한다(막 1:4). 마가는 어떤 탄생 이야기도 기록하지 않고 대신 갈릴리에서 "하나님의 복음을 선포"(막 1:15)하신 예수님을 처음으로 엿볼 수 있게 해 준다.

마가는 또한 예수님이 "그들의 여러 회당에서 전파도 하시고" 제자들에게 "우리가 다른 가까운 마을들로 가자 거기서도 전파하리니 내가 이를 위하여 왔노라"(막 1:38-39)라고 말씀하신 것을 기록하고 있다. 마가는 예수님이 복음을 전파하기 위해 제자들을 파송하신 것을 두 번 기록한다(막 3:14; 6:7-12). 선포 또는 설교는 마가복음의 주요 주제이다.

둘째, 마태복음처럼 본문은 누구든지 믿는 사람은 '구원을 받을 것'이고 믿지 않는 사람은 '정죄를 받을 것'이라고 경고하는 종말론적 맥락 안에 명령을 배치한다. 마가의 전체 복음은 종말론적 긴장감 속에 놓여 있는데, 이는 그가 세상의 종말, 성전의 파괴, 그리고 복음을 전파하는 자들의 다가오는 박해에 대한 강조임이 분명하다(막 13:1-27).

셋째, 본문은 귀신을 쫓아내고, 방언을 말하고, 병자에게 손을 얹고, 뱀이나 독극물에 해를 입지 않는 것을 포함하여 세계 전역에서 복음이 전파될 때 기적의 표적이 따를 것이라고 가정한다.

마가복음은 예수님의 사역에 대한 모든 기록과 함께 예수님의 기적적인 사역을 강조한다. 특히, 마가는 귀신을 쫓아내고(막 3:15; 6:13) 병자를 고치는(막 6:13) 예수님의 기적적인 사역이 제자들의 삶에 재현된다는 것을 보여 주는 것에 관심이 있다.

익명의 결말을 전체적으로 보면 복원된 결말일 수 있지만, 중심 주제는 모두 마가복음과 일치한다는 점을 인식하는 것이 중요하다. 마가는 교회를 부활하신 그리스도에 의해 초자연적으로 능력을 부여받고 전 세계에 선포할 보편적인 복음을 가진 종말론적 공동체로 이해하고 있다.

6. 누가복음-사도행전: 총체적이며 권한을 부여받은 하나님의 위대한 증인들

1) 누가복음과 총체적이며 권한을 부여받은 증인

누가복음 24:45-49과 사도행전 1:7-8에서 제공하는 두 가지 사명을 누가 저술의 더 큰 배경과 선교의 더 큰 맥락에서 숙고하는 것이 중요하다. 예수님을 따르는 자들의 지속적 선교는 누가가 교회를 이해하는 데 중심이 된다.

이것은 그가 오순절 부활 이후에 복음 사역이 어떻게 계속해서 전개되고 있는지, 그리고 교회의 지속적 증거를 보여 주는 속편인 사도행전을 쓴 유일한 복음서 필자이기 때문에 특히 중요하다. 누가는 자신의 복음서와 사도행전을 이방인 로마 관리인 데오빌로에게(눅 1:3; 행 1:1) 전하며 두 책 모두에서 누가가 주로 이방인 청중을 염두에 두고 있음이 분명하다.

따라서 누가는 교회 안에서 증가하는 이방인의 존재에 비추어 복음 이야기를 다시 전한다. 그는 예수님이 이방인, 여자, 가난한 사람들, 그리고 소외된 세리와 사마리아인들과 같은 다른 사람들과 상호 작용했음을 강조한다. 우리는 맥락에서 최종 임무를 설정하기 위해 누가복음에서 선택한 몇 가지 주제를 탐색하는 것으로 시작할 것이다. 여기서 초점은 복음서에서 사도행전까지의 다리 역할을 하는 사도행전의 개시 위임과 함께 누가복음에 있다.

(1) 성전에서의 예수님에 대한 선언

누가는 성전에서 행해진 예수님에 대한 선언을 기록한 유일한 복음서 필자이다. 아이를 낳은 여인이 희생 제물을 바치는 것은 레위기 12장에 요약된 대로 유대 율법에 순종하는 관습적 행위였다.

경건하고 의로운 유대인 시므온이 성령의 감동하여 성전 뜰에 들어가 아이를 축복하자 놀라운 일이 일어났다. '시므온의 노래'(Nunc Dimittis)로 알려진 그의 축복기도는 이방인에 대한 미래의 보편적 사명에 대한 강력한 확증이다. 시므온은 그의 눈이 주님의 구원을 보았기 때문에 주님께서 이제 "그 종을 평안히 보내실 수 있다"고 선언한다. 아기 예수님은 "이방인을 비추는 빛이요 주의 백성 이스라엘의 영광을 위한 빛"으로 선포된다 (눅 2:32).

(2) 세례 요한의 준비 사역

사복음서 모두 예수 그리스도의 사역을 위한 길을 예비하는 세례 요한의 사역을 기록할 뿐만 아니라 이사야서 40장에서 인용한 내용도 구체적으로 기록하고 있다. 그러나 마태, 마가, 요한은 세례 요한이 이사야를 사용한 기록을 아주 간결하게 기록하고 있다.

요한은 이사야서 40:3을 인용하여 다음과 같이 언급한다.

> 광야에 외치는 자의 소리가 있어 가로되 너희는 주의 길을 예비하라 그의 첩경을 평탄케 하라(요 1:23; 참조. 마 3:3; 막 1:3).[12]

그러나 오직 누가만이 이사야서 40:3-5 전체를 인용한다. 이 부분은 골짜기가 메워지고 산이 낮아지고 굽은 곳이 곧게 펴진다는 친숙한 주제뿐

---

[12] 복음서가 이사야 40:3을 인용할 때에 이들은 모두 '하나님'에 대한 이사야의 일반적인 언급에서 '주님'으로 예수님을 더 분명하게 동일시하는 것으로 바꾼다는 점에 주목해야 한다.

만 아니라 "여호와의 영광이 나타나고 모든 육체가 그것을 함께 보리라"라는 선언이 포함되어 있다. 이 부분을 통해 누가는 시므온의 '이방인에 대한 계시'의 선언을 확인하고, '모든 육체'가 하나님의 구원을 보게 될 날을 예고하고 있다.

(3) 총체적 사명

누가는 예수님의 사역이 갈릴리 나사렛 회당에서 시작되었다고 기록하고 있다. 예수님이 두루마리를 들고(눅 4:18-19) 예언자 이사야의 이사야서 61:1-2을 읽으신다. 그런 다음, 예수님은 극적인 방식으로 "이 성경 말씀이 오늘날 너희 귀에 응하였느니라"라고 선언하신다(눅 4:21).

이것이 누가가 예수님의 사명을 이해하기 위한 의제를 설정하는 방법이다. 이 한 인용문으로 예수님은 경제적 맥락(가난한 사람), 정치적 맥락(포로와 억압받는 사람), 그리고 육체적 맥락(맹인)에서 자신의 해방 능력을 포괄하는 총체적 비전을 제시하신다.[13]

정의에 대한 이런 관심과 구원에 대한 총체적 관점은 누가복음에서 두드러진 주제가 되었으며 다시 한번 일터교회 개척 사역에 막대한 영향을 미친다. 예수님의 구속 사역의 '범위'는 사유화된 인간 마음의 내면뿐 아니라 인간의 삶과 문화의 광장 전체에 있다. 누가는 가난한 사람과 억압받는 사람에 대한 누가의 강조점을 지나치게 영적으로 표현하려는 서구의 시도에 저항할 것이다.

예수님의 사역은 경제적으로 가난한 사람들에게 좋은 소식이다. 누가복음의 독특한 구절에서 우리는 그분이 어떻게 "주린 사람에게 좋은 것으로 배불리고 부자는 빈손으로 보내셨는지" 볼 수 있다(눅 1:53).

---

13 William J. Larkin Jr., "*Mission in Luke*" pages 152–69 in William J. Larkin Jr. and Joel F. Williams, eds., *Mission in the New Testament: An Evangelical Approach* (Maryknoll, NY: Orbis, 1998), 159.

또한, 가난한 나사로가 아브라함의 품에 안겨 있고 부자가 괴로워하는 것을 볼 수 있다(눅 16:19-31). 다른 공관 복음서들과 공유하는 한 구절에서 누가는 예수님이 부자 청년 관원에게 "네 소유를 다 팔아 가난한 자들에게 주라"고 말씀하셨다고 기록한다(눅 18:22).

누가는 여성(눅 13:10-17), 세리와 죄인들(눅 5:29-31; 15:1-32; 19:1-10), 그리고 사마리아인(눅 10:30-37; 17:11-19) 등 사회의 권리를 박탈당하고 버림받은 사람들과 연대하는 예수님을 자주 묘사한다. 이런 텍스트 중 불구가 된 여자의 치유, 선한 사마리아인의 비유, 그리고 탕자의 비유와 같은 내용은 누가복음에만 나타난다.

(4) 누가복음의 보편적 사명

누가는 이방인에 대한 특별한 관심으로 널리 알려져 있다. 누가는 이스라엘 민족 밖에서의 예수님의 사역(눅 8:26-39; 9:51-56)을 기록할 뿐만 아니라 그리스도께 호의적으로 반응하는 이방인들을 개인적으로 묘사한다. 이런 문구 중 일부는 이미 마태복음의 맥락에서 다뤘다. 그러나 누가복음에만 있는 이 주제를 반영하는 몇 가지 기록이 있다.

누가는 수리아 사람 나아만의 믿음(눅 4:27), 시돈 땅에 있는 사렙다의 한 과부의 믿음(눅 4:26), 그리고 선한 사마리아인의 비유에서 사마리아인의 신실함을 강조한다(눅 10:25-37). 누가는 혼인 잔치 비유에서 초대받지 않은 사람들에 대한 두 번째 부름을 기록한 유일한 복음서 저자이다.

첫 번째 부름에서 그들은 '가난한 자들과 몸 불편한 자들, 맹인들과 저는 자들'을 데려온다(눅 14:21). 두 번째 부름에서 주인은 종들을 다시 "길과 시골길로 보내어 … 내 집에 가득하게 하라"고 한다(눅 14:23).

위에서 언급한 바와 같이 누가복음에만 고침을 받은 열 명의 나병환자 중 감사하기 위해 돌아와서 감사하는 사마리아인 한 사람이 기록되어 있다(눅 17:11-19).

이방인들을 향해 쓴 누가는 예수님의 사역에 대한 이방인들의 호의적 반응을 강조하기를 원했다. 실제로 누가는 그리스도의 초림과 재림 사이의 시간을 "이방인의 때"로 예언적으로 제시한 유일한 복음서 저자이다.[14]

2) 누가의 대위임령

누가복음의 주요 주제에 대한 간략한 개요에 비추어 누가복음 24:46-49과 사도행전 시작 부분에 있는 1:7-8의 마지막 명령을 고려해 보자. 누가복음에 나오는 누가의 대위임령은 예수님이 부활하신 밤에 예루살렘에서 기록되기 때문에 부활 후 몇 주 후에 갈릴리에서 일어나는 마태의 대위임령보다 훨씬 더 앞선 것이다.[15]

이와 대조적으로 사도행전 1:7-8에 나오는 대위임령은 다른 모든 복음 중에서도 가장 마지막에 일어나며, 그리스도의 승천 직전에 베다니에서 일어난다.[16] 누가가 기록한 두 명령의 통일된 특징은 선교에 있어서 하나님의 주권에 있다. 교회의 주도권과 행동은 오직 하나님의 선교의 렌즈를 통해서만 볼 수 있다. 이것에 대한 강조는 세 가지 방식으로 분명해진다.

14　Larkin, "*Mission in Luke*," 165.
15　누가복음의 특징 중 하나는 모든 마지막 사건이 부활절 이야기의 단일 표현으로 붕괴된다는 점에 주목해야 한다. 누가는 부활절부터 승천절까지 자연스럽게 이동하여 40일의 기간을 하나의 극적 결론으로 축소한다.
16　사도행전의 누가의 기록과 승천 장소를 조화시키기 위해 존 웬햄(John Wenham)은 그리스도의 승천이 "베다니로 가는 길 까지"인 "감람산"에서 일어난 것이라고 주장한다. 베다니가 보이는 곳은 감람산 정상이다. John Wenham, *Easter Enigma: Are the Resurrection Accounts in Conflict?* (Eugene, OR: Wipf and Stock, 2005), 121 보라.

(1) 하나님의 선교 맥락 안에서 누가의 사명

첫째, 누가는 하나님의 선행 은총을 떠나서는 이해할 수 없는 제자들의 무능력을 강조한다. 누가복음의 대위임령은 엠마오로 가던 두 제자에게 예수님이 부활하신 모습으로 먼저 나타나시는 것으로 시작된다. 그들은 모두 함께 걷고 있지만 본문은 놀랍게도 "그들의 눈이 가리어져서 그인 줄 알아보지 못한다"(눅 24:16)고 말한다.

예수님이 떡을 떼신 후에야 "그들의 눈이 밝아져 그인 줄 알아 보았다"(눅 24:31). 누가는 그들의 눈이 밝아진 이유를 예수님이 신적 능력을 통해 본인을 드러내셨다는 것을 강조한다.

이것은 그날 밤 사도들에게 나타나신 것과 놀라울 정도로 유사하다. 제자들도 "놀라고 무서워하여 그 보는 것을 영으로 생각했다"(눅 24:37). 그들이 마침내 이해하기 시작한 것은 후에 예수님이 "그들의 마음을 열어 성경을 깨닫게"(눅 24:45) 하셨을 때이다.

'열다'(διανοίγω)에 대한 동일한 동사는 엠마오로 가던 두 사람이 눈을 뜨게 된 누가복음 24:31과 제자들의 마음이 열린 누가복음 24:45에 사용되었다. 복음의 진리는 주님의 신성한 드러내심을 통해 깨달을 수 있다. 성경이나 예수님의 존재를 이해하기 위해 동사 '열다'를 사용해 사람의 눈이나 마음이 열리는 것을 설명하는 것은 누가복음이 유일하다.[17]

이 단어가 또 한 번 같은 방식으로 사용된 유일한 경우는 사도행전에서 누가가 어떻게 주께서 루디아의 마음을 '열어' 바울의 메시지에 응답했는지 기록한 것이다(행 16:14). 이 주제는 사도행전에 있는 누가의 명령에서도 분명히 나타난다.

사도행전 1:7에서 예수님은 "때와 기한은 아버지께서 자기의 권한에 두셨으니" 그것은 우리의 알 바가 아니라고 말씀하신다. 우리는 그분의 시간에

---

17 I. Howard Marshall, *The Gospel of Luke*, NIGTC (Grand Rapids: Eerdmans, 1978), 905.

그분의 사명을 펼치시는 하나님의 행동에 강조를 두어야 한다.

둘째, 누가는 구약의 (계속되는) 성취로서의 교회의 증거를 강력하게 강조한다. 예수님은 겁에 질린 제자들에게 나타나셔서 손과 발을 보여 주시고, 그들 앞에서 구운 생선 한 조각을 드심으로 자신이 혼이 아니라는 것을 증명해 주신다. 그런 다음 예수님은 다음과 같이 말씀하신다.

> 내가 너희와 함께 있을 때에 너희에게 말한바 곧 모세의 율법과 선지자의 글과 시편에 나를 가리켜 기록된 모든 것이 이루어져야 하리라(눅 24:44).

이것은 또한 예수님이 엠마오로 가는 길에 두 제자와 함께 걸으셨을 때 나타난 초기 부활과도 유사하다. 예수님이도 그와 같이 훈계하여 이르셨다.

> 미련하고 선지자들이 말한 모든 것을 마음에 더디 믿는 자들이여 … 모세와 모든 선지자의 글로 시작하여 모든 성경에 쓴바 자기에 관한 것을 자세히 설명하시니라(눅 24:45-47).

성취라는 주제는 대위임령 내용 내에서도 계속된다. 실제로 누가의 두 개의 대위임령의 독특한 특징 중 하나는 명령 형식이 없다는 것인데, 이는 성취의 언어와 하나님의 사전 행동으로 대체된다.

그리스도의 사역이 말씀의 성취였던 것처럼, 누가복음에서 미래 교회의 증거는 구약 약속의 성취로 여겨진다. 누가복음에서 대위임령은 "기록되었으니"(눅 24:47)라는 예수님의 말씀으로 시작된다.

그런 다음 예수님은 성취의 맥락에서 자신의 삶과 교회의 증거에 대해 다음과 같이 말씀하신다.

> 또 이르시되 이같이 그리스도가 고난을 받고 제 삼 일에 죽은 자 가운데서 살아날 것과 또 그의 이름으로 죄 사함을 받게 하는 회개가 예루살렘에서 시작하여 모든 족속에게 전

파될 것이 기록되었으니 너희는 이 모든 일의 증인이라(눅 24:46-48).

제자들은 구약의 약속, 특히 아브라함과의 언약을 세계 열방을 위해 성취하기를 원하시는 하나님의 행위에 증거라고 믿었다. 교회의 증거는 하나님의 선교 틀과 약속을 성취하기 위한 그의 행동의 틀에 견고하게 놓여 있다. 사도행전의 명령에서 제자들의 증거는 그들을 통한 하나님의 활동으로 묘사된다.

> 너희가 권능을 받고[λήμψεσθε] 예루살렘과 온 유대와 사마리아와 땅 끝까지 이르러 내 증인이 되리라[ἔσεσθε] 하시니라(행 1:8).

이것은 차후 교회 행동이 성취될 예언적인 언어이다.

셋째, 누가는 제자들이 성령의 능력을 받지 않고서는 선교에 참여할 수 없다는 점을 강조한다. 이미 언급한 바와 같이, 누가의 대위임령에는 제자를 '보내다'라는 명령 형식이 없다.

오히려 보내시는 분은 성령이시다. 예수님은 '가라'고 하는 예상된 명령 대신에 제자들에게 "너희는 위로부터 능력으로 입혀질 때까지 이 성에 머물라"(눅 24:49)라고 말씀하신다. 부활 후 밤에 행해진 그 동일한 말씀은 사도행전에서 회상된다.

> 예루살렘을 떠나지 말고 내게 들은바 아버지의 약속하신 것을 기다리라 요한은 물로 세례를 베풀었으나 너희는 몇 날이 못되어 성령으로 세례를 받으리라(행 1:4-5).

누가복음과 사도행전에서 성령은 "선교의 촉매제요, 인도하고 추진하는 힘"이다.[18]

18　David Bosch, *Transforming Mission: Paradigm Shifts in Theology of Mission* (Maryknoll,

(2) 하나님의 위대하신 일의 증인

누가복음과 사도행전의 대위임령에서 나오는 두 번째 주요 주제는 증인으로서의 교회에 대한 강조이다. '증인'(μαρτύς)이라는 단어는 누가복음과 사도행전의 대위임령에 고유한 특징이다. 사실상 증인공동체로서의 교회는 누가복음과 사도행전을 연결하는 통일된 주제 중 하나이다(눅 21:13, 24:48; 행 1:8, 22; 2:32; 3:15; 5:32; 10:39, 41; 13:31; 22:15; 26:16).

증인은 보고 들은 것을 증언하는 사람이다. 예수님은 그들이 "이 모든 일의 증인"(눅 24:48)이 될 것이라고 말씀하셨고 사도행전의 기록은 하나님의 능하신 일을 증거하는 데 있어서 그들의 신실함을 보여 준다.

누가는 설교하고, 가르치고, 제자화하는 일반적인 '교회 언어'를 사용하지 않기 때문에 일터교회 개척자들에게는 이 같은 통찰력이 절실하다. 오히려 그는 하나님의 온 백성을 가리키는 말, 즉 증거한다는 말을 사용한다. 설교하거나 가르치는 은사가 없더라도 모든 사람이 증인이 되어 증거할 수 있다.

7. 요한: 보내기 위해 보냄을 받은 자

요한복음은 불신자들이 예수 그리스도의 주 되심을 확증하도록 설득하기 위해 기록되었으며, 따라서 전적으로 선교적 틀 안에서 이루어졌다. 요한은 다음과 같이 기록했다.

> 오직 이것을 기록함은 너희로 예수님이 하나님의 아들 그리스도이심을 믿게 하려 함이요 또 너희로 믿고 그 이름을 힘입어 생명을 얻게 하려 함이니라(요 20:31).[19]

NY: Orbis, 1991), 113.
[19] 요한복음의 목적을 이해하는 데 중심이 되는 이 구절을 설명하기 위해 D. A. Carson, "The Purpose of the Fourth Gospel: John 20:31 Reconsidered," *Journal of Biblical Litera-*

요한은 또한 열방에 대한 하나님의 빛을 보여 주는 보편적 구절을 기록했다. 요한은 그의 서문에서 예수님이 "참빛 곧 세상에 와서 각 사람에게 비취는 빛"(요 1:9)이라고 선언한다.

또한, 마틴 루터는 요한복음을 "축소된 복음"이라고 부르고, 이어 신약에서 가장 잘 알려진 구절로 간주하는 구절인 요한복음 3:16, "하나님이 세상을 이처럼 사랑하사 독생자를 주셨으니…"를 언급했다.

요한은 예수님이 사마리아 여자에게 자신을 메시아로 계시하셨고(요 4:21-26) 많은 사마리아 사람이 "그를 믿었다"(4:39)고 기록하고 있는 유일한 사람이다.

요한은 매우 보편적인 말로 예수님이 "이 우리에 들지 아니한 다른 양들이 내게 있어"(요 10:16)라고 말씀하신 것을 기록하고 있다.

더 많은 예를 들 수 있지만, 그의 대위임령이 흘러나오는 중심 주제는 보내신 아버지와 보내심을 받은 아들에 대한 강조이다.

1) 요한복음에 나오는 파송하시는 아버지

선교에 대한 요한의 이해는 주로 동사 '보내다'(πέμπω 또는 ἀποστέλλω)의 사용에서 발견된다. 요한의 전체 복음은 하나님 아버지께서 세례 요한을 보내시고, 예수님을 보내시고, 성령을 보내시고, 교회를 파송하시는 것을 중심으로 구성되어 있다.

요한복음에서 '보내다'라는 동사는 내부와 외부의 두 가지 개념을 포함한다. 내부적으로는 "개인적 관계", 즉 누군가가 보낸 사람을 의미한다. 외

---

ture 106.4 (1987): 639-51를 참조하라. 카슨(Carson)은 요한의 복음이 유대교 회당 지도자들과 논쟁을 벌이고 있는 기독교인들에게만 국한된 것이 아니라 예수 그리스도를 아직 모르는 불신자들, 헬레니즘 유대인들에게만 국한된 것이라고 주장한다. 카슨은 요한복음 14-17장도 요한복음이 "신앙의 초자연적 직업"을 추구하는 것이 아니라, 전도자는 성장하고, 그리스도 안에서 순종하며, 제자화를 받는 사람들이라는 증거라고 주장한다.

적으로는 보냄을 받은 자는 "어떤 목적을 위하여 보냄을 받은 자"라고 하는 의미를 내포하고 있다.[20]

세례 요한은 메시아의 도래에 대한 증인으로 보내진다.

> 하나님께로부터 보내심을 받은 사람이 있으니 그의 이름은 요한이라(요 1:6).

요한은 자신을 하나님 아버지께서 친히 보내신 사람으로 보고 그의 목적은 예수님이 하나님의 아들이라는 사실을 증언 혹은 증거하는 것이라고 믿었다. 요한은 빛이 아니었지만 "이 빛에 대하여 증언하러 온 자"(요 1:8)이다. 요한복음은 열 번이나 세례 요한의 사명을 그리스도를 증거하기 위해 보냄을 받은 사람이라 설명하고 있다(요 1:7[2x], 8, 15, 19, 32, 34; 3:26, 28; 5:33).

예수님이 요한복음에서 역사적 무대에 오르실 때 요한과 같은 언어를 사용하여 자신이 아버지에 의해 보내심을 받았다고 선언하신다. 세례 요한과 마찬가지로 예수님도 '보내다'라는 언어를 개인적 의미와 선교적 의미로 사용하신다. 요한복음에서는 아들과 아버지 사이의 친밀함과 그분이 보내심을 받은 목적과 사명이 정기적으로 전달된다.

2) 요한의 대위임령

요한복음에서 '보내다'에 대한 40개의 언급은 모두 모여 요한복음 20:21에 대위임령에서 절정에 달한다. 이것은 요한복음에서 예수님께 적용된 "보냄을 받은 자"라는 칭호가 40번째 나오는 부분이다.[21] 이 부분의 배

---

20 James McPolin, S. J., "Mission in the Fourth Gospel," *Irish Theological Quarterly* 36 (1969): 113–122 at 114.
21 모든 참조 구절은 다음과 같다. 요한복음 3:34; 4:34; 5:23, 24, 30, 36, 37, 38; 6:29, 38, 44, 57; 7:16, 18, 28, 29, 33; 8:16, 18, 26, 29, 42; 9:4; 10:36; 11:42; 12:44, 45, 49; 13:16, 20; 14:24; 15:21; 16:5; 17:3, 8, 18, 21, 23, 25; 20:21.

경은 부활 후 저녁 예루살렘의 잠긴 문 뒤에 계신, 누가복음의 배경과 동일하다.

누가복음과 마찬가지로 예수님이 제자들에게 하신 첫 번째 위로는 "평화가 너희에게 있을지어다"라는 말씀과 함께 그분의 손발을 보이는 것이었다. 그러나 요한만이 제자들에게 명령하시는 다음과 같은 말씀을 기록하고 있다.

> 너희에게 평강이 있을지어다 아버지께서 나를 보내신 것 같이 나도 너희를 보내노라 (요 20:21).

보냄을 받은 자이신 예수님은 이제 세상에서 아버지의 사명을 계속하도록 교회를 보내신다. 요한복음에 나오는 예수님의 사명에는 세 가지 중요한 특징이 있다.

첫째, 교회의 선교는 새로운 발전이 아니라 세상으로 보내신 아버지께서 행하시는 구원적 행위의 지속적 표현으로서 예수님의 사역의 연속이다. 하나님 아버지께서 행하신 구원 사역은 예수님의 사역으로 끝난 것이 아니라 오순절에 계속해서 펼쳐지고 있으며, 일상 안에 있는 교회의 삶으로, 궁극적으로는 새로운 피조물 안에서 펼쳐진다.

둘째, 교회의 사명은 요한복음의 삼위일체적 틀 안에 명확하게 설정되어 있다. 하나님 아버지는 보내신 분이시다. 보냄을 받은 자이신 예수님은 교회를 보내신다. 성령은 그분의 임재와 선교의 인도와 능력을 위해 제자들과 함께하신다.

요한은 예수님이 그들에게 숨을 내쉬며 "성령을 받으라"(20:22)라고 말씀하셨다고 기록한다. 아버지께서 창조 때에 그분의 영을 인류에게 불어넣으신 것처럼(창 2:7), 이제 예수님은 새로운 피조물의 표징과 인으로 제자들에게 성령을 불어넣으신다.

셋째, 이 대위임령은 오늘날 선교에서 교회의 지속적인 파송 사역의 기초를 형성한다. 세상에 보냄을 받으신 예수님이 파송하시는 자가 되신 것과 같이 세상에 보내심을 받은 우리도 추수밭에 추수할 일꾼들을 보내면서 계속해서 예수님의 사역을 반영하는 것이다.[22]

교회는 회개하고 믿기를 거부하는 자들에 대한 하나님 아버지의 심판뿐만 아니라 회개를 통해 오는 용서를 선포하기 위해 일꾼들을 현장에 보낼 지속적인 권한을 받았다(요 20:23).

8. 나가는 말

예수 그리스도께서 주신 최종 사명에 대한 조사와 사복음서 모두에 기록된 것은 대위임령이 실제로 다면적이라는 것을 보여 준다. 각각의 다른 메시지들의 의미를 알아야만 우리가 선교라고 부르는, 교회가 참여하는 광범위한 구원 사역에 대한 신학적 근거를 집합적으로 받을 수 있다.

마태는 제자도의 역할과 민족적, 문화적 경계를 넘어 세계 모든 종족 그룹 사이에 교회를 개척하는 역할을 강조한다. 비록 우리가 마가의 대위임령의 원문을 가지고 있지는 않지만, 받은 판본은 박해 속에서의 인내와 선포의 중심적 역할에 대한 마가의 강조와 일치한다. 누가의 대위임령은 우리가 하나님의 지속적이고 위대한 행위를 증거할 때에 성령의 능력, 전체론적 사명의 중요성을 강조한다. 요한의 명령은 교회의 파송 역할을 강조한다. 집합적으로 볼 때, 이 명령은 선교에서의 하나님 아버지의 주도권을 보여 준다.

마태복음에서 하나님 아버지는 예수님께 모든 권세를 주셨다. 누가복음에서 교회는 하나님 아버지께서 약속하신 것을 성취한다. 요한복음에서

---

22 "것 처럼…또한"의 구성은 이런 이해에 매우 중요하다. 아버지가 아들을 보낸 것처럼, 아들 또한 교회를 보낸다. 아들이 교회를 보내는 것 처럼 교회 또한 미래에 제자들을 세상으로 내보낸다.

하나님 아버지는 아들을 보내시고, 그 아들은 교회를 보내신다. 따라서 모든 위임은 "천하 만민이 복을 받으리니"(창 22:18)라고 아브라함에게 하신 하나님의 본래 약속과 하나님의 선교의 더 큰 맥락에서 설정된다.

따라서 우리는 대위임령의 온전한 의미를 회복하기 위해 열심히 노력해야 한다. 이것은 전임 기독교 전문가들에게만 초점을 맞추는 사역인 '성직자 중심적' 해석을 벗어나야 한다는 의미이다. 그 대신에 우리는 하나님의 모든 백성이 삶의 모든 영역, 특히 직장과 일터에서 제자가 될 수 있도록 준비시키는 사역에 대한 '평신도 중심' 해석이 필요하다.

실제로 이것은 어떻게 보일까?

다음 장에서는 일상에서 지상명령을 충실히 구현하는 교회의 역사적 관점을 제공하려고 한다. 성경적/신학적 근거와 역사적 사례를 결합한다면 일터교회 개척자들이 오늘날 선교적 혁신을 탐구할 수 있는 견고한 기반을 제공할 것이다.

제3부

교회 내에서의 실천

제7장 일터교회 개척에 관한 역사적 관점

제8장 일터교회 개척자의 특징

제9장 혁신적인 '교회의 새로운 표현들'

제10장 출발점: 일터에서 강력한 선교학

제7장

일터교회 개척에 관한 역사적 관점
(이삼열)

1. 서론

경제 활동을 교회 개척 및 선교와 통합하는 것은 새로운 일이 아니다. 제5장에서 알 수 있듯이, 사도 바울에 대한 주의 깊은 연구는 그의 선교 전략이 육체 노동, 제자 훈련, 그리고 교회 개척을 결합했음을 보여 준다.[1]

바울은 은연중에 일터를 변혁시킴으로써 새로운 교회를 형성할 기회를 만들었고, 사역의 한 형태로서 일에 대한 더 넓은 정의를 발전시켰다. 또한, 일터와 시장의 일상에서 예수 그리스도의 사랑을 보이며 믿음을 실천했다.[2] 이런 방식으로 사도 바울은 '일터교회 개척'(ECP)을 위한 유용한 기반을 제공했다.

바울의 발자취를 따라 일터교회 개척자들은 기독교 역사 전반에 걸쳐 다양한 형태로 일상에 참여한다.[3] 다채로운 기독교 전통에 관한 간략한 연

---

[1] 상당한 부분에서 바울은 유대교 랍비의 전통인 노동과 무역을 가르치고 있었다. 다음 책을 참조하시오: Michael Pocock, Gailyn Van Rheenen, and Douglas McConnell, *The Changing Face of World Missions: Engaging Contemporary Issues and Trends* (Grand Rapids: Baker Academic, 2005), 230–32.

[2] William J. Danker, *Profit for the Lord: Economic Activities in Moravian Missions and the Basel Mission Trading Company* (Grand Rapids: Eerdmans, 1971), 55.

[3] 참고 예시: William J. Danker, *Profit for the Lord: Economic Activities in Moravian Missions and the Basel Mission Trading Company* (Grand Rapids: Eerdmans, 1971); Michael Pocock, Gailyn Van Rheenen, and Douglas McConnell, T*he Changing Face of World Missions:*

구를 통해 이런 점들을 살펴볼 수 있다.

이 장에서는 켈틱선교회(6세기), 베네딕트선교회(7세기), 네스토리안선교회(7세기), 마틴 루터(16세기), 마테오 리치(17세기), 모라비안선교회(18세기), 존 웨슬리(18세기), 그리고 한스 닐센 하우지(19세기)의 초기 사례들을 살펴볼 것이다. 이런 특정 선교 운동들과 역사적 인물들은 교회 개척을 포함하여 선교와 경제 활동을 통합한 유익한 사례들을 제공한다.

따라서 이 장에서는 기독교 역사를 통해 하나님께서 선교적 창업 정신을 가진 사람들을 일상과 일터에서 어떻게 사용하셨는지를 탐구할 것이다. 이런 역사적 선례들은 일터교회 개척이 제한된 영역 밖으로 나와서 일상과 일터에서 더 큰 관계 네트워크 안에 교회를 개척할 수 있는 잠재력이 있음을 보여 줄 것이다.

2. 일터교회 개척(ECP)의 역사적 선례

기독교 역사에서, 각기 다른 기독교 전통 내의 신학적 혁신가들은 일터교회 개척 활동(entrepreneurial church activities)의 다양한 표현을 구현했다. 이 장에서는 일상에서 경제적, 사회적, 그리고 복음적으로 신앙에 관여한 기독교 운동과 인물들에 관해 간략하게 살펴볼 것이다.

여기서 말하는 일상이란 경제 활동과 같은 문화적 중심을 뜻하며, 이는 사회가 운영되도록 만들고 영향을 미치는 축을 뜻한다.[4] 이런 역사적 사례들을 고찰함으로써 우리는 ECP 접근 방식이 실행할 수 있는 실적을 갖고

Engaging Contemporary Issues and Trends (Grand Rapids: Baker Academic, 2005); Tom A. Steffen and Mike Barnett, eds., *Business as Mission: from Impoverished to Empowered*, (Pasadena, CA: William Carey Library, 2006); Lowery, James L. 1976. *Case Histories of Tentmakers* (Wilton, CT: Morehouse-Barlow, 1976).

4 Greg Forster, *Joy for the World: How Christianity Lost Its Cultural Influence and Can Begin Rebuilding It* (Wheaton, IL: Crossway, 2014), 13

있으며 현대적 실천과 관련이 있음을 발견할 것이다.

1) 켈틱선교회(6세기)

초기 켈틱선교회의 선교사인 콜롬바(Columba)는 근대 이전에 활동한 일터 사역자의 한 예이다. 6세기 콜롬바와 수도사들은 복음을 전하기 위해 아일랜드에서부터 북부 픽츠 왕국의 스코틀랜드 고산지대로 여행을 떠났다.[5]

콜롬바와 켈틱 선교사들이 도착했을 때, 그들은 먼저 강력한 정치 지도자 및 권력자들과 긴밀한 관계를 추구했다. 그 후에 그들은 지역 왕들로부터 호의를 받고 영적으로, 경제적으로 통합된 수도원을 세웠다. 수도원에서의 일상생활에는 기도, 묵상, 성경 공부, 그리고 육체적 노동이 포함되어 있었지만, 픽트 사람들 가운데서 전도자로도 일했다.[6]

특별히 이런 영성, 학문, 제작, 무역 중심지를 기반으로 콜롬바와 켈틱 선교사들은 지역 주민들과 사랑의 관계를 맺었다. 이것은 픽트인들을 기독교 신앙에 노출하고 종종 그리스도에 대한 믿음으로 인도했다.[7] 이런 방식으로, 켈틱선교회는 위대한 대위임령에 따라 수도원 사역의 비전을 통해 샬롬을 실천하고 새로운 선교적 접근을 시도하기 위해 노력했다.

---

5 Robert L. Gallagher and John Mark Terry, *Encountering the History of Missions: From the Early Church to Today* (Grand Rapids: Baker Academic, 2017), 45–48.
6 F. F. Bruce, *The Spreading Flame: The Rise and Progress of Christianity from Its First Beginnings to the Conversion of the English* (Grand Rapids: Eerdmans, 1973), 386–93.
7 George G. Hunter III, *The Celtic Way of Evangelism: How Christianity Can Reach the West Again*, 10th ed. (Nashville: Abingdon, 2000), 54.

2) 베네딕트선교회(7세기)

6세기 켈틱 수도사들이 자신들의 기독교 신앙을 유럽 대륙으로 가져갔을 때, 이탈리아의 수도사들은 반대 방향으로 여행하고 있었다.[8] 캔터베리의 어거스틴(Augustine)[9]과 40인의 베네딕트 수도사들은 로마의 그레고리 주교로부터 영국을 복음화하도록 파송받았다.[10] 그들의 사역에 대한 접근은 영성과 경제적 책임을 하나로 묶은 '성 베네딕트의 규칙'과 긴밀히 연결되어 있다.[11]

베네딕트선교회는 특히 선교 활동에서 일의 중요성을 강조했다. 베네딕트선교회의 기업가적 활동의 주요 목적은 안정적인 재정 흐름을 제공하여 적정한 일상생활이 유지되도록 하는 것이었다.[12] 켈틱 선교사들과 유사하게, 어거스틴은 현지 지도자 켄트의 에셀버트 왕(King Ethelbert of Kent)과 교류하여 그의 호의를 얻게 된다.

왕은 어거스틴과 그의 수도사들이 복음을 자유롭게 증거하고 교회를 세울 수 있도록 허락했다. 선교 사역 첫해 그들은 10,000명의 앵글로 사람들에게 세례를 주었다고 보고했다.[13] 베네딕트 수도원들은 이후 교육, 무역, 교류를 위한 훌륭한 장이 되었고, 중세 시대의 ECP 패러다임을 형성했다.[14]

---

8 World History, "History of Monasticism." http://www.historyworld.net/wrldhis/PlainTextHistories.asp?gtrack=pthc&ParagraphID=eje#eje (accessed November 27, 2017).
9 사람들이 '아우구스틴(어거스틴)'이라는 이름으로 익숙한 히포의 아우구스티누스는 아니다.
10 Stephen B. Bevans and Roger P. Schroeder, *Constants in Context: A Theology of Mission for Today* (Maryknoll, NY: Orbis, 2004), 123.
11 Ksenia Keplinger et al., "Entrepreneurial Activities of Benedictine Monasteries--A Special Form of Family Business?," International Journal of Entrepreneurial Venturing 8.4 (January 1, 2016): 1.
12 R. W. Hiebl Martin and Feldbauer-Durstmüller Birgit, "What Can the Corporate World Learn from the Cellarer?: Examining the Role of a Benedictine Abbey's CFO," Society and Business Review 1 (2014): 51-73.
13 Stephen Neill and Owen Chadwick, *A History of Christian Missions, Penguin History of the Church 6*, 2nd ed. (London: Penguin, 1990), 58-59.
14 Edward L. Smither, *Mission in the Early Church: Themes and Reflections* (Cambridge: Cas-

3) 네스토리안선교회(7세기)

기독교는 네스토리안 상인 선교사들을 통해서도 중앙아시아와 중국으로 전파되었다.[15] 3세기 초, 기독교는 페르시아에 소개되었고, 아르벨라 왕국과 에데사는 선교사 훈련 본부의 역할을 했다. 수도원 운동이 종종 극단적 금욕주의로 묘사되지만, 네스토리안 교회는 이동과 선교를 강조했다. 5세기 사산 페르시아는 중국과 교역망을 열었다.

이후 네스토리안선교회가 뒤를 따랐고 대중국 페르시아 사신들과 동행할 수 있었다.[16] 중국에 들어갔을 때, 그들은 경제 활동과 신앙의 나눔을 통해 지역사회에 융화되었다.[17] 635년, 네스토리안 선교사 알로펜(Alopen)은 구실크로드에 있는 당나라 수도 장안에 도착했다. 알로펜이 그곳에 거주한 지 3년째 되던 해(638)에 왕은 관용에 관한 칙령을 내렸다. 종교적 관용의 시기에 첫 번째 교회가 설립되었다.[18]

1623년, 고대 수도 근처에서 발굴된 781년의 중요한 기념비는 역사적으로 알로펜의 도착을 입증한다. 결과적으로, 네스토리안선교회의 전도와 선교의 노력은 7세기부터 10세기에 이르는 동안 중국 내 교회의 성장을 이끄는 데 중대한 기여를 한다.[19] 흥미로운 사실은 이런 노력들이 비즈니

---

cade, 2014), 39-43.
15   Samuel Hugh Moffett, A History of Christianity in Asia, 2nd ed. (Maryknoll, NY: Orbis, 1998), 291, 297, 461.
16   Moffett, A History of Christianity in Asia, 290.
17   Cynthia Jan Villagomez, "The Fields, Flocks, and Finances of Monks: Economic Life at Nestorian Monasteries, 500-850" (Ph.D., University of California, Los Angeles, 1998), 104.
18   Moffett, A History of Christianity in Asia / Samuel Hugh Moffett, 288; Tom A. Steffen and Mike Barnett, eds., Business as Mission: from Impoverished to Empowered (Pasadena, CA: William Carey Library, 2006), 133-46.
19   Mar Aprem, Nestorian Missions: No. 2 (Trichur, Kerala: Mar Narsai, 1976), 18; Dale T. Irvin and Scott W. Sunquist, History of the World Christian Movement: Earliest Christianity to 1453 (Maryknoll, NY: Orbis, 2001), 278.

스 통찰력과 결합해 이루어졌다는 것이다.

종합하면, 이런 수도원 운동들(켈틱선교회, 베네딕트선교회, 네스토리안선교회)은 지역사회에서 일과 영성 사이의 균형을 제공했다.

그런데 세상으로부터 '분리된' 이런 수도원들이 어떻게 기독교 선교에 이바지했을까?

일반적으로 수도원은 고독한 기도와 고행을 소명으로 간주하기 때문에 주님께서 주신 대위임령(복음 전파와 제자도)은 "하나님 앞에 의인으로 서야 한다"는 관상적 목표 아래 묻힌다고 생각한다.[20] 수도원 운동의 은둔파는 고립된 영적 여정을 강조했지만, 교회의 역사에서 대다수 수도사는 '공생적' 즉 공동체적이었다.

따라서 위에서 설명했듯이, 켈트선교회, 베네딕트선교회, 그리고 네스토리안선교회는 사람들의 공동선(common good)을 위해 영적 성장의 실행 가능한 수단으로 수도원공동체를 건설했다. 그 안에서 네스토리안 사제들은 경제 활동, 교육 및 무역을 통해 불신자들에게 이웃 사랑을 나타냈다.

흥미롭게도 세 수도원 모두 부(富)에 대한 긍정적 태도를 보이고 있었다. 부는 하나님께서 공동체에 베푸신 은혜로 이해되었으며, 믿음을 전파하기 위한 유용한 도구로 여겨졌다. 그들은 또한 부의 적절한 관리를 거룩함의 반영으로 생각했다.

그러나 공동체 구성원들은 그들 본인의 이익보다 공동체의 이익을 우선으로 여겼기 때문에 공동체 경제에서 영적 금욕주의가 표현되었다.[21] 결과적으로, 이런 수도원공동체는 아일랜드, 영국 및 아시아에서 중요한 사회적 변혁을 가져오는 도구가 되었다.[22]

20　Don Fanning, "Brief History of Methods and Trends of Missions," http://digitalcommons.liberty.edu/cgi/viewcontent.cgi?article=1000&context=cgm_missions (accessed November 27, 2017).

21　Villagomez, *The Fields, Flocks, and Finances of Monks*, 104.

22　Ralph D. Winter and Steven C. Hawthorne, eds., *Perspectives on the World Christian Movement: A Reader* (Pasadena, CA: William Carey Library, 2009), 280.

4) 마틴 루터(16세기)

연대순으로 계속해서 올라가면 16세기의 종교개혁자들을 만날 수 있다. 종교개혁은 만인 제사장 개념을 회복해 소명에 대한 이해를 변화시켰다.[23]

마틴 루터는 그리스도인의 궁극적 부르심은 세상을 섬기는 것이라고 강조했다. 그 후 신학적 추진력은 소명과 직업으로 향하게 되었다. 루터는 모든 그리스도인은 목수, 농부 혹은 가정주부를 막론하고 이웃들과 그들의 필요를 섬기는 일로 부르심을 받은 사역자라고 가르쳤다.[24] 즉, 인생에서 하나님께서 허락하신 자신의 위치에서 봉사하는 것이 소명이라는 것이다.[25]

이런 신학적 관점의 변화는 부르심은 오직 성직 또는 수도원에만 적용되어야 한다는 중세의 왜곡된 성속(聖俗)의 구분을 허물게 되었다.[26] 그 대신 루터의 소명에 대한 교리는 종교 생활을 일상생활의 영역으로 재배치하게 했다.[27]

이런 통찰력은 또한 루터 자신의 삶과 사역을 재구성한다. 그는 수도원 생활 방식을 거부하고 결혼했다. 또한, 그는 인쇄소를 세우고[28] 자신의 저작을 인쇄하여 종교개혁을 전파하는 데 중요한 역할을 했다.

이에 따라 다양한 개혁주의 교회들이 세워지게 되었다. 결국, 16세기는 루터의 만인 제사장직에 대한 성경의 재발견과 일을 거룩한 소명으로 보

23　Vinoth Ramachandra, *The Recovery of Mission: Beyond the Pluralist Paradigm* (Grand Rapids: Eerdmans, 1997), 117.
24　Gene Edward Veith, *Working for Our Neighbor: a Lutheran Primer on Vocation, Economics, and Ordinary Life* (Grand Rapids: Christian's Library, 2016), 13–14.
25　Ben Witherington, *Work: A Kingdom Perspective on Labor* (Grand Rapids: Eerdmans, 2011), 32.
26　Roland H. Bainton, *Here I Stand: A Life of Martin Luther* (Peabody, MA: Abingdon, 1990), 156.
27　Roland H. Bainton, *The Reformation of the Sixteenth Century* (Boston: Beacon, 1952), 246.
28　Walter G Tillmanns, "The Lotthers: Forgotten Printers of the Reformation," Concordia Theological Monthly 22.4 (April 1951): 260-64 at 261.

는 관점으로 인해 일반 소명에 대한 확신이 더 커지는 시기였다.[29]

그러나 자신의 위치에서 봉사하는 것이 소명이라는 주장은 부분적으로 영적 이동성을 억제했고, 타 문화 선교의 필요성에 대한 인식을 감소시키는 부정적 영향을 미쳤다.[30]

5) 마테오 리치(17세기)

개신교의 출현은 가톨릭교회 내에 교회 개혁의 필요성에 영향을 미쳤다. 특히, 주목해야 하는 것은 가톨릭 선교의 세계적 확장을 위한 새로운 수도회의 창설이었다. 이그나티우스 로욜라는 1540년에 타 문화 선교의 열망을 가지고 부분적으로 예수회 설립을 도왔다.[31]

인도의 로베르토 노빌리(Roberto Nobili), 중국의 마테오 리치(Matteo Ricci), 그리고 베트남의 알렉산더 드 로즈(Alexander de Rhodes)와 같은 선교사들을 통해 17세기는 예수회 확장에 기념비적인 세기가 되었다.[32] 이들 중 마테오 리치가 일터 사역자의 좋은 모델이 된다.[33]

리치는 유교 문화 안에서 기독교를 이해시키고, 중국 지식인들의 마음을 얻기 위해 유교 학자의 모습을 한 최초의 상황주의자 중 한 사람으로 잘 알려져 있다. 이를 위해 그는 토착 문화 형태를 기독교 선교에 적용했다.

---

29   Mark C. Taylor, *After God (Religion and Postmodernism)* (Chicago: University of Chicago Press, 2009), 65–66.
30   R. Paul Stevens, *The Other Six Days: Vocation, Work, and Ministry in Biblical Perspective* (Grand Rapids: Eerdmans, 1999), 74–75.
31   Dale T. *Irvin and Scott W. Sunquist, History of the World Christian Movement, vol. 2, Modern Christianity from 1454-1800* (New York: Orbis, 2012), 112–23.
32   Thomas Banchoff and José Casanova, eds., *The Jesuits and Globalization: Historical Legacies and Contemporary Challenges* (Washington: Georgetown University Press, 2016), 175.
33   Pocock, Rheenen, and McConnell, *The Changing Face of World Missions*, 233.

예를 들어, "그는 하나님에 대한 호칭을 기존 중국어인 '천상제'(T'ien 및 Shang Ti)로 채택했다.[34] 그는 상황(context)이 기독교 신앙의 형태에 영향을 미치는 것을 허용했고, 상황에 맞는 고도의 선교 전략과 '지도 제작, 번역, 시계 제작 및 일반 과학' 등 새로운 기술과 접목하여 일상생활 영역을 확장해 나갔다."[35]

이런 일터교회 개척 접근 방식은 오랜 세월에도 변함없이 건재한 교회들을 세우는 데 도움을 주었다. 그가 죽었을 때 400명의 개종자가 있었다. 50년 이내에 또 다른 150,000명이 가톨릭교회에 더해졌다. 리치는 기독교에 대한 중국인의 이해를 변화시켰고 이 영향은 오늘날 중국의 기독교에까지 이른다.[36]

6) 모라비안선교회(18세기)

종교개혁 이후 개신교 세계에서는 유럽 이외의 타 문화 선교 활동에 대해 생각할 시간이 거의 없었다.[37] 16세기와 17세기에 개신교인들 사이에서 널리 퍼진 견해는 온 세상에 복음을 전파하라는 그리스도의 명령이 사도들 이후 그쳤다는 것이었다.[38]

---

[34] Sangkeun Kim, *Strange Names of God: The Missionary Translation of the Divine Name and the Chinese Responses to Matteo Ricci's* (New York: Peter Lang, 2005), 29.
[35] Pocock, Rheenen, and McConnell, *The Changing Face of World Missions*, 233.
[36] Kenneth Scott Latourette, *A History of the Expansion of Christianity Vol 3, Three Centuries of Advance* (New York: Harper & Brothers, 1939), 339–42.
[37] 세 가지 이유가 있었다. (1) 개신교 간의 분쟁, (2) 교리 강화와 교회의 안정, (3) 각 지역에 있는 통치자가 자기 땅에 있는 백성들의 영적 복지를 책임진다 (*Cuius region, eius religio*). 참고. Ralph D. Winter et al., *Foundations of the World Christian Movement: A Larger Perspective Course Reader* (Pasadena, CA: Institute of International Studies, 2008), 370; James A. Scherer, *Gospel, Church & Kingdom: Comparative Studies in World Mission Theology* (Eugene, OR: Wipf & Stock, 2004), 67.
[38] David J. Bosch, *Transforming Mission: Paradigm Shifts in Theology of Mission* (Maryknoll, NY: Orbis, 1991), 249.

그러나 18세기에 이르러 전도와 교회 개척으로 이루어진 선교와 비즈니스를 통합하는 선교 운동이 일어났다. "이런 운동에는 모라비안주의, 웨슬리/복음주의 부흥 운동, 그리고 후에 한스 닐센 하우지(Hans Nielsen Hauge)의 친구들의 연합(Society of Friends)이 포함된다."[39]

이런 운동들은 '개신교 선교의 출발점'으로 작용했다. 19세기 말에 이런 운동의 영향으로 유럽 식민지들과 북미, 노르웨이에서는 새로운 기독교공동체가 생겨났고, 개종자들의 놀라운 성장을 목격하게 되었다.

아마도 모라비안 성도들은 신앙, 노동, 그리고 경제를 통합한 18세기 가장 잘 알려진 일터 사역자일 것이다.[40] 종교개혁 이후 개신교는 창조 사명(청지기직과 인간 발전)을 강조하는 경향이 있었다. 그러나 복음주의 부흥 전날 모라비안 성도들은 주님의 명령에 순종하여 대위임령을 충실히 이행하고자 타 문화권 선교를 시작했다.

한스 에드(Hans Egede)의 그린란드 선교에 영향을 받아 모라비안 교회는 1732년부터 선교 활동에 발을 내디뎠다. 모라비안공동체는 카리브해의 세인트 토머스 섬에 선교사들을 파송하여 아프리카 노예들을 위한 선교 활동을 조직했다.[41]

한 선교사가 목수 기술을 사용하여 생계를 꾸리자 곧 다른 선교사들도 그의 모범을 따랐다. 나중에 모든 모라비안 선교사들은 재정적으로 자신을 부양하고 선교 사역을 위해 노력하여 얻은 이익을 모두 선교에 기부했다.[42]

---

39 Winter et al., *Foundations of the World Christian Movement*, 370
40 Pocock, Rheenen, and McConnell, *The Changing Face of World Missions*, 233.
41 Business as Mission Think Tank Group, Business as Mission and Church Planting Fruitful Practices for Establishing Faith Communities (BAM Think Tank, 2013), 1-32, http://bamglobal.org/wp-content/uploads/2015/12/BMTT-IG-BAM-and-CP-Final-Report-January-2014.pdf (accessed November 27, 2017).
42 Danker, *Profit for the Lord*, 34.

모라비안선교회의 경제 모델은 결국 남아메리카 북부 해안의 수리남에 대규모 비즈니스를 설립하는 결과를 낳았다. 모라비아인들은 비즈니스가 관계적 연결을 통해 복음을 전달하는 수단이 될 수 있다는 가능성을 발견했다.

예를 들어, 양복점에 아프리카 노예들을 고용함으로써 선교사들은 그들에게 복음을 수월하게 전할 수 있다는 것을 알게 되었다. 이후에 수리남에서는 7개 교회(전체 13,000명의 집회 참여자)와 한 개의 백화점이 세워지며 거룩한 변화를 보여 주었다.[43]

이런 방식으로, 모라비안선교회는 전도의 노력과 무역 및 산업을 잘 조합하여 스스로 자생력을 갖출 뿐 아니라 현지인들을 재정적으로, 그리고 영적으로 자립할 수 있도록 도울 수 있었다.

7) 존 웨슬리(18세기)

모라비안선교회의 영향으로,[44] 존 웨슬리 역시 그리스도를 따르는 공동체를 형성하기 위해 선교적 창업 정신을 사용하여 영국 사회를 공적 사회로 변혁시키고자 했다. 그는 교회에 오지 않는 사람들이 많다는 것을 깨닫고 사람들이 모이는 장터, 벽돌공장, 그리고 탄광으로 가서 복음을 전했다.

웨슬리에게 복음 전파는 시어도어 제닝스(Theodore Jennings)가 주장한 "복음적 경제 활동"이었다. 이것은 "내적 및 외적 거룩함"을 반영하는 실

---

43 Herbert Spaugh, "A Short Introduction to the History, Customs, and Practices of the Moravian Church," http://newphilly.org/pdf/moravian.ashorthistory.pdf (accessed November 02, 2017).

44 웨슬리는 모라비안을 존경하며 "당신은 일하는 것에 있어서 게으르지 않고 자신의 빵을 먹으며, 배고픈 자들을 먹이고, 헐벗은 자들을 의복으로 덮어 주기 위해 불의의 맘몬을 현명하게 관리할 수 있어야 한다"고 단언했다. The Works of the Reverend John Wesley, A.M: Volume V (Oxford: J. Emory And B. Waugh, 1833), 166.

천을 포함한다.⁴⁵

따라서 웨슬리는 가난한 자와 소외된 자들을 돌보는 수단으로 돈의 적절한 관리를 강조했다. 그는 초기 감리교도인들에게 물질을 나누어 하나님께 영광을 돌릴 수 있도록 "최대한 많이 벌고, 최대한 많이 저축하고, 최대한 많이 나누라"라고 권면했다.⁴⁶ 그의 선교적 창업 정신의 삶과 사역이 이것을 뒷받침한다.

예를 들어, 웨슬리는 자신의 인쇄소를 성공적으로 운영하여 『기초 의학』(Primitive Physick)이라는 의료 처방에 관한 유명한 책을 포함하여 여러 가지 영적 저작과 팸플릿을 보급했다.⁴⁷ 또한, 그는 "약국을 설립하여 감리교공동체가 지급할 수 있는 가격으로 그 당시 가능한 최선의 처방을 구매할 수 있도록 했다."⁴⁸

어떤 이들의 추정에 따르면 웨슬리는 자신이 창업한 비즈니스로부터 3만 파운드(오늘날의 6백만 불)의 이익을 거두었다고 한다.⁴⁹ 그러나 그의 돈 대부분은 감리교 운동에 광범위하게 투자되었다.

웨슬리의 일터교회 개척 접근법에 따라 일어난 불꽃은 미국 개척자들 사이에 급속하게 번지었다. 프란시스 애즈베리(Francis Asbury)와 같은 감리교 순회전도자는 개척자들이 거주하고 일하던 지역을 여행하며 이들의 삶이 정치적, 사회적, 그리고 영적으로 더 나은 삶을 살아갈 수 있도록 변화시켰다.⁵⁰

45　See Theodore W. Jennings, *Good News to the Poor: John Wesley's Evangelical Economics* (Nashville: Abingdon, 1990), 111–16.
46　John Wesley and Joseph Benson, *The Works of the Rev. John Wesley, Volume 10* (New York: J. & J. Harper, 1827), 150.
47　David Wright, *How God Makes the World a Better Place: A Wesleyan Primer on Faith, Work, and Economic Transformation* (Grand Rapids: Christian's Library Press, 2012), 71.
48　Wright, *How God Makes the World a Better Place*, 71.
49　Charles Edward White, "Four Lessons on Money from One of the World's Richest Preachers," *Christian History* 7/3.19 (January 1, 1988): 21–24 at 24.
50　한 가지 좋은 예로는 웨슬리와 19세기 웨슬리안 운동이 노예제도의 비열한 관행에 반대했다는 것이다. 그는 〈노예제도에 대한 생각〉이라는 설교에서 노예제도를 역사적

8) 한스 닐센 하우지(19세기)

총체적 기독교 선교에서 일터교회 개척을 접목한 사례 중 덜 알려진 사례로는 한스 닐센 하우지(Hans Nielsen Hauge, 1771-1824)가 있을 것이다. 그는 18세기와 19세기 초 노르웨이를 현대화하며 경제적으로 번영하는 기독교 국가로 변화하는 데 중추적 역할을 감당했다.[51]

하우지는 1796년 25세 때 자신의 구원에 대한 즉각적 확신을 받아 믿음의 여정을 시작했다. 이런 영적 자각의 경험은 그가 다른 사람들에게 복음의 메시지를 나누도록 자극했다.[52] 노르웨이와 덴마크를 여행하면서 그는 예수님께 개인적으로 헌신하는 것이 얼마나 중요한지 설교했다.

그의 가르침을 통해 사람들은 하우지를 리더로 여겼으며, 하우지와 관계된 영적 공동체가 여럿 생겨났다. 이들 그룹('친구들의 연합'으로 일컬어짐)은 직업을 중심으로 형성되어 길드와 유사한 특성을 띠었다. 예를 들어, 하우지의 관계 네트워크 내에는 노동자 운동과 농민 운동이 있었다.[53]

맥락으로 삼았지만, 노예제도를 통해 사람들을 비참한 곳에서 끌어냄으로써 구원받는다는 통념에 발 빠르게 반대했다. 그는 노예상들이 오기 전에 아프리카를 묘사함으로써 노예제도를 반대하는 일을 했다. 그는 아프리카인들이 어떻게 조달되었는지에 대해 이야기하면서, 그것이 얼마나 끔찍하고 기독교의 구원과는 다른지를 정확하게 묘사했다. 노예제도를 폐지하기 위해 웨슬리는 노예제도를 반대하는 편지를 출판했을 뿐만 아니라 의회가 노예제도 불법화를 지지했다. 웨슬리의 주장은 19세기 미국의 복음주의 운동에 상당한 영향을 미쳤다. 도널드 데이튼(Donald W. Daton)에 따르면, 찰스 피니는 화이트필드와 웨슬리에 의해 영국에서 시작된 운동을 꾸준히 했다(*Discovering an Evangelical Heritage*, 1st ed.[Peabody, MA: Hendrickson, 1988], 88). 웨슬리는 인류의 개혁을 외친 위대한 전도자였다. 그는 노예제에 맞서 싸웠을 뿐만 아니라, 그의 부흥주의를 통해 사회와 기독교 사역에서의 여성의 역할에 많은 자극을 주었다.

51 A. M. Arntzen, *The Apostle of Norway: Hans Nielsen Hauge* (Eugene, OR: Wipf & Stock, 1933), preface.
52 M. O. Wee, Haugeanism: *A Brief Sketch of the Movement and Some of Its Chief Exponents* (St. Paul, MN: The Author, 1919), 22-24.
53 Karina Hestad Skeie, *Building Gods Kingdom: Norwegian Missionaries in Highland Madagascar 1866- 1903, Studies in Christian Mission* (Leiden: Brill, 2012), 20.

영적 쇄신을 강조하는 것 외에도, 하우지는 일반인들을 교육하고 개발해야 할 필요성을 깨달았다. 하우지에게 비즈니스를 운영하는 것과 복음 증거가 분리될 수 없는 일이었다. 그의 개척자적 정신과 합해진 놀라운 업무 역량이 그를 매우 뛰어난 사업가로 만들었다.[54]

1800년에서 1804년의 기간 동안 그는 "어업, 벽돌 제조장, 방직, 조선소, 염전 광물 광산, 방앗간, 제지 공장, 그리고 출판소를 포함한 150가지 산업을 노르웨이에 설립했다."[55]

이런 혁신적 산업들은 사람들의 근대화를 위한 고용의 원천이 되었을 뿐 아니라 어떻게 자신을 스스로 돌볼 수 있는지 가르치게 되었다. 결국, 하우지의 종교적 정직성과 비즈니스에 대한 재능이 노르웨이를 영적, 사회적, 그리고 경제적으로 변화되도록 만들었다.[56]

참으로 하우지의 '친구들의 연합'은 선교적 창업 정신과 영적 쇄신이 총체적 변혁을 위한 두 가지 상호 연관된 경로로 여겨졌다는 점에서 일터교회 개척의 실행 가능한 모델 역할을 한다고 말할 수 있다.

3. 역사적 발전의 해석

우리는 지금까지 ECP의 역사적 토대들을 고찰했다. 이를 통해 우리는 선교 사역에서 경제 활동이나 선교적 창업 정신을 사용한 풍부한 역사적

54　Joris van Eijnatten and Paula Yates, *The Churches, The Dynamics of Religious Reform in Church, State and Society in Northern Europe, 1780–1920: 2* (Leuven: Leuven University Press, 2010), 264.

55　Trevor Saxby, "Revival-Bringer: Hans Nielsen Hauge's Reformation of Norway," https://makinghistorynow.wordpress.com /2017/04/11/the-country-boy-who-fathered-a-nation-part-1/ (accessed November 2, 2017).

56　David S. Lim, "Norway: The Best Model of a Transformed Nation Today," Davidlim53's Blog, https://davidlim53.wordpress.com/2011/09/02/norway-the-best-model-of-a-transformed-nation-today/ (accessed November 27, 2017).

증거들을 발견할 수 있다. 위에서 보았듯이, 많은 선교적 창업 정신을 가진 증인들과 기독교공동체들은 하나님의 선교를 완수하는 데 눈에 띄는 발전을 이루었다.

이들 일터교회 개척자들은 일상에서 창조 사명(경제적 영역), 대위임령(복음화 영역), 그리고 지상 대사명(사회적 영역)의 세 가지 새로운 방향을 통해 하나님의 선교에 참여했다.[57]

흥미롭게도 일터에서 이런 선교적 창업 정신을 가진 기독교 운동들과 인물들은 선교 실천을 위한 세 가지 중요한 틀을 보여 주고 있다.

첫째, 지상 대사명(the Great Commandment)에 초점을 맞춘 '총체적 변화를 위한 사업'

둘째, 창조 사명(the Creation Commission)에 초점을 맞춘 '인간 발전을 위한 사업'

셋째, 대위임령(the Great Commission)에 초점을 맞춘 '영혼 구원을 위한 사업'[58]

달리 말하면, 역사를 통틀어 교회는 하나님께 동일한 사명(지상 대사명, 창조 사명, 대위임령)을 받았지만, 믿음의 공동체와 기독교 혁신가들은 다양한 영역(인재 양성/ 청지기 정신, 복음 전도/제자도, 사회 변혁)에 집중하며 이런 사명들을 각기 다르게 적용했다. 이런 선교적 실천들을 위한 세 가지 틀은

---

57 Neill and Chadwick, *A History of Christian Missions*, 22-23; Irvin and Sunquist, *History of the World Christian Movement*, 305-7.

58 베반스와 슈뢰더는 그들의 책 『오늘날의 선교신학』에서 6개의 선교 상수를 규명했다. 이 6 가지는 기독론, 교회론, 종말론, 구원론, 인류학, 그리고 문화이다. 그들은 (1) 영혼을 구원하고 교회를 확장시키는 선교, (2) 진리를 발견하는 선교, (3) 변혁에 대한 헌신으로서의 선교라는 세 가지 모델로 선교신학을 요약했다. 이 연구의 중요 핵심을 위해, 베반스와 슈뢰더의 이론적 구조인 그들의 세 가지 모델을 채택하여 변형시켰다. 그러나 베반스와 슈뢰더의 이론적 구조가 반드시 사업과 교회 개척을 통합한다는 의미가 있는 것은 아니다.

아래 〈표 2〉에 반영되어 있다.

〈표 2〉 선교적 실천을 위한 세 가지 중요한 틀

명칭	집중 영역	사례
영혼 구원을 위한 사업	복음 전도/제자	켈틱선교회
인간 발전을 위한 사업	인재 양성/청지기 정신	개신교 종교개혁
총체적 변혁을 위한 사업	사회 변혁	모라비안선교회

예를 들면, 5세기 켈틱선교회는 지상 대사명(사회 변혁)을 강조하여 총체적 변혁을 위한 사역의 형태를 취했다. 복음 전도와 경제 활동이 표면에 있었지만, 6세기 켈틱 선교사들의 주요 초점은 지상 대사명에 명시된 이웃 사랑과 사회적 변화에 그 초점을 맞추었다.

한편, 16세기 종교개혁은 그 초점을 창조 사역(청지기 정신/인재 양성)에 중점을 두고 '인간 발전'에 강조점을 옮겼다.[59] 종교개혁자들은 하나님의 은혜를 공식적 사역에만 국한한 것이 아니라, 하나님 백성의 직업이 무엇이든지 간에 하나님의 은사를 맡은 충성스러운 청지기라는 것을 깨우쳐 주었다.

또한, 18세기와 19세기에는 대위임령(전도/제자도)을 강조한 '영혼 구원 사역'을 중심으로 또 다른 변화가 일어났다. 모라비안 성도들이 예시한 것처럼 개신교회들은 대위임령을 성취해야 할 명령으로 인식하고 타 문화 선교를 시작했다. 이런 패러다임의 전환은 비기독교 국가의 사람들에게 복음 선포와 개종, 교회 개척을 목적으로 하는 수많은 교회와 선교단체의 확장에 부분적으로 기여했다.[60]

---

[59] Hans-Werner Genischen, "Luther, Martin," pages 415-416 in *Biographical Dictionary of Christian Mission* (Grand Rapids: Eerdmans, 1998), 416.

[60] Scherer, *Gospel, Church & Kingdom*, 36.

요약하면, 기독교 선교는 역사적으로 세 가지 초점 또는 구성 요소 중 하나를 강조했다. 그것들은 지상 대사명(사회 변혁)에 초점을 맞춘 '총체적 변화를 위한 사업,' 창조 사명(청지기 직분)에 초점을 맞춘 '인간 개발을 위한 사업,' 또는 대위임령을 중심으로 한 '영혼 구원을 위한 사업'(전도/제자도)이었다.[61]

4. ECP의 최근 응용

선교적 실천을 위한 이런 세 가지 중요한 틀은 20세기에 다시 등장하게 된다. 더 나아가 21세기에 몇몇 선교학자와 교회 운동은 세 가지 역사적 틀을 하나의 총체적 모델로 융합하고자 노력했다.[62] 탈식민지화, 민족주의의 부상, 두 차례 세계대전의 대재앙과 같은 주요 사건은 이런 변화의 발판을 제공했다.

1945년 이후, 세계 곳곳에서 탈식민지 운동이 일어나며, 인도와 베트남과 같은 새롭게 독립한 국가들은 기독교 확장과 교회 개척을 제한하는 여러 법률을 제정했다. 이런 제한들은 교회가 지상 대사명과 창조 사명, 그리고 대위임령의 소명을 성취하는 데 걸림돌이 되었다. 교회는 제한된 국가에 들어가 봉사를 위한 혁신적 방법들을 생각해 내야 했다. 그러므로 교회는 가능한 선교적 기회를 활용하기 위해 다양한 선교 전략들을 사용했다.

---

61 Samuel Lee, "Can We Measure the Success and Effectiveness of Entrepreneurial Church Planting?," Evangelical Review of Theology 40.4 (October 2016): 327-345 "at" 330.

62 Jordan J. Ballor, Ecumenical Babel: Confusing Economic Ideology and the Church's Social Witness (Grand Rapids: Christian's Library, 2010), xi.

20세기 중반 무렵, 더그 셔먼(Doug Sherman), 윌리엄 헨드릭스(William Hendricks)(1990),[63] 그리고 R. 폴 스티븐스(R. Paul Stevens, 1999)[64]와 같은 학자들은 선교 전략으로서 비즈니스의 역할에 관심을 끌게 되었다. 그 결과 사도행전 18:1-3에 나오는 바울의 모델에 기초한 텐트메이킹 사역이 재고되었다.

혁신적 선교사들은 그들의 전문 분야를 사용하여 교회의 활동을 제한하고 복음을 전파하는 것을 금지하는 나라들에 들어가기 시작했다. 이런 선교 모델은 약간의 영적, 경제적 열매를 거두었지만, 두 결과 사이의 분기로 인하여 한계가 빠르게 표면화되기 시작했다.

구체적으로 말하면, 텐트 메이커는 공식적으로 일하기 위해 비기독교 국가에 입국했지만 제대로 일은 하지 않고, 비공식적으로(종종 불법적으로) 복음 전파 활동에 참여하여 윤리적 딜레마를 경험하게 되었다.[65]

20세기 후반에는 하나님의 선교를 위한 비즈니스의 전략적 활용에 대해 더 많은 생각하게 된다. 몇몇 선교기관은 접근이 제한된 국가들이 경제 개혁을 시작하고 비즈니스 부문을 확대하기를 열망하고 있음을 발견하게 된다. 이들 국가는 선교사의 입국을 허용하진 않았지만 많은 기업인을 환영했다. 다양한 교회와 선교단체가 세계 선교에서 사업을 사용하는 것의 장점을 진지하게 받아들였다.

예를 들어, B4T(Business 4 Transformation)라는 단체는 창의적인 비즈니스 노력을 통해 지역공동체 활성화 및 인간 개발을 위해 선교단체 OM(Operation Mobilization)에 의해 개발된 단체이다. 또한, 'BAM'(Business as Mission)이라는 단어는 2004년 로잔 포럼 '비즈니스 미션 이슈 그룹'(Business As

---

63 참조. Doug Sherman and William D. Hendricks, Your Work Matters to God (Colorado Springs: NavPress, 1990).
64 참조. Stevens, The Other Six Day.
65 Lee, "Can We Measure the Success and Effectiveness of Entrepreneurial Church Planting?," 330-31.

Mission Issue Group)에서 공식적으로 승인되었다. 그 이후 BAM의 개념은 선교계에서 빠르게 추진력을 얻게 되었다.[66]

BAM은 창조 사명과 대위임령을 달성하기 위해 비즈니스를 선교와 통합하려고 했다.[67] 그러나 16세기 루터가 직면했던 유사한 곤경처럼 창조 사명을 지나치게 강조한 나머지, BAM 실천자들은 교회를 하나님 나라를 발전시키는 여러 도구 중 하나로 격하시킬 때도 있었다. 또한, 다른 문제는 이 모델은 선교사들과 도움을 받은 사람들 사이에 양방향 소통이 없다는 것이었다.

몇몇 BAM 선교사는 자신들을 자원과 복음을 제공하는 '공유자'로 간주했고 자신들이 섬기고 있는 사람들보다 낫다고 생각하며(그들은 믿지 않는 자들을 종종 '이교도'라고 불렀다), 이교도들을 존엄성과 공감의 눈으로 바라보는 대신 그저 도움을 받거나 '고침'이 필요한 대상으로 바라보았다.[68]

최근 몇 년 사이 영국과 미국 등 후기 기독교 국가에서는 총체적 변혁에 초점을 맞춰 비즈니스와 교회 개척을 통합한 ECP 개념이 도입되었다. 이 모델은 하나님 나라의 협동적 계시가 일어나는 방식으로 비즈니스와 통합된 교회 개척이 포함된다.

이런 새로운 운동은 '교회의 새로운 표현들'(Fresh Expressions of Church: FXC)의 일부이기도 하다. 왜냐하면, ECP가 교회의 새로운 표현 방식을 채택했지만, 그 맥락이 종종 경제 영역으로 축소되며, 항상 선교적 창업 정신 접근 방식과 관련이 있기 때문이다. FXC에 대한 자세한 설명은 제9

---

66 Tunehag, McGee and Plummer (Eds), "Business as Mission. Lausanne Occasional Paper #59," 2004, Available at: http://www.lausanne.org/documents/2004forum/ LOP59_IG30.pdf.
67 자세한 내용은 다음을 참조하시오. Lausanne Committee for World Evangelization, "Business as Mission: Lausanne Occasional Paper No. 59" (2004년 세계복음화국제대회에서 이 주제에 대해 이슈 그룹이 2004년 9월 29일부터 10월 5일까지 작성함).
68 Lalsangkima Pachuau, "Missiology in a Pluralistic World: The Place of Mission Study in Theological Education," International Review of Mission 89.355 (October 1, 2000): 540–41.

장에서 다시 볼 수 있다.

〈표 3〉는 텐트메이킹(Tentmaking), 비즈니스 선교(BAM), 그리고 일터교회 개척(ECP)의 관계를 보여 준다.

〈표 3〉 Tentmaking, BAM, ECP의 관계 분류

모델	차이점	유사점
텐트메이킹 (Tentmaking)	항상 교회 개척을 하지 않음 비즈니스뿐만이 아니라 교육, 의학 등 다른 분야에서 활동 우선순위: 전도와 제자도 선교 사업/열방	평신도, 믿음과 일, 하나님 나라 중심
비즈니스 선교 (BAM)	항상 교회 개척을 하지 않음 비즈니스 중심 우선 순위: 비즈니스 및 총체적 변혁 미전도 종족	선교적 창업 정신, 평신도, 믿음과 일, 하나님 나라 중심
일터교회 개척 (ECP)	교회 개척과 관련됨 대부분 교회와 연결됨 우선 순위: 일상과 일터를 교회 미개척& 미전도 종족으로 여김, 일터의 장소를 활용/ 공공분야	선교적 창업 정신, 평신도, 믿음과 일, 하나님 나라 중심

ECP, BAM, 그리고 Tentmaking 사이의 관계에 있어서 일터교회 개척은 비즈니스와 사역의 통합 그리고 사역에서 평신도들의 역할을 완전히 인정한다는 점에서 다른 모델들과 유사하다. 그러나 일터교회 개척은 BAM과 Tentmaking의 공통 관심사를 공유하지만, 그 초점은 다르다.

일터교회 개척은 이익이나 영적 성장에 초점을 맞추는 대신 하나님과 다른 사람들과의 사랑의 관계에 강조점을 두며 두 목표를 통합하려고 한다. 일터교회 개척은 비즈니스와 교회 개척이 대중적 인간관계의 더 큰 네트워크 안에서 발생하기 때문에 관계를 일터교회 개척의 핵심 개념으로 삼는다.[69] 결국, 총체적 변화는 사람들이 하나님과 이웃들과 연결될 수 있는 환경을 조

---

69 Lee, "Can We Measure the Success…?," 334.

성하는 교회가 개척되고 비즈니스가 설립될 때 일어나는 것이다.

종합하면, 세 가지 경제-선교공동체적 모델(Tentmaking, BAM, ECP)은 공통으로 비즈니스 전략이나 선교적 창업 정신을 사용하여 창조 사명, 지상대사명, 그리고 대위임령을 실천하려고 노력한다. 이런 전략들은 기독교에 대해 거부감이 많은 지역 또는 후기 기독교 사회 맥락에서 하나님의 선교 사명을 완수하기 위해 좋은 방법론을 제시한다.

5. 나가는 말

이 장에서는 기독교 신앙의 역사 속에서 일상과 일터에 참여하는 창의적 접근 방법들을 탐구했다. 이런 역사적 사례들은 불신자들과 미전도 종족들과 관계를 맺을 수 있는 특유의 방법이 바로 일터 증인들을 통해서 이루어졌음을 보여 주고 있다.

즉, 기독교 운동의 역사 전반에 걸쳐 하나님은 하나님 나라의 창의적 확장을 위해 시대별로 경제 활동과 교회 개척, 선교를 결합한 혁신적 사상, 개인, 그리고 선교 운동을 사용하셨다는 것을 볼 수 있다. 이런 역사적 관점은 이제 세계 선교 사역의 핵심 주제로 다시 떠오르고 있다.

따라서 ECP 모델을 사용하고자 한다면, 교회 개척/사역, 그리고 경제 활동 간의 연합 가능성으로서의 선교 활동을 정립하는 것이 필요하다. 보다 구체적으로 말하면, 일터교회 개척 실천가들은 전인적 제자도(대위임령: 전도/제자도와 지상 대사명: 사회 변혁)와 세상을 경작하라는 부르심(창조 사명: 청지기 정신/인재 양성)의 두 가지 다른 문화적 교류의 선교 사역을 감당해야 한다는 것이다.

일터교회 개척은 일상의 더 큰 관계 네트워크 안에서 온전한 복음을 제시하는 과정을 통해, 믿음, 일, 경제의 통합을 제시한다. 이런 통합(믿음, 일, 경제)은 세상 안에서 일하시는 하나님의 총체적 그림을 반영할 수 있도록 세계 교회 사역의 질을 향상할 것이다. 더 나아가 이런 방식을 통해 하나님의 교회는 이웃과 더 큰 사회 구성원들, 세상에 온전한 복음을 구체화할 수 있도록 온전히 갖춰질 것이다.

제8장

일터교회 개척자의 특징[1]

(W. 제이 문)

1. 서론

이 장에서는 일터교회(EC) 개척자의 특성들을 탐구하고자 한다.[2] 그러나 기업가이기도 한 이런 교회 개척자들을 정확하게 묘사하려면 먼저 기업가에 대한 몇 가지 일반적인 신화를 없애고 기업가가 다른 사람들과 어떻게 다른지 설명해야 한다. 마지막으로, 현재 일터교회 개척자들에 관한 사례 연구들을 기반으로 일터교회 개척자들을 설명하는 한 가지 패러다임을 제시할 것이다. 이것은 교회 개척자의 특성을 파악하는 데 큰 도움이 될 것이다.

---

1   이 장의 자료 중 일부는 다음의 학술 논문에서 처음 출판되었다. W. Jay Moon, "Entrepreneurial Church Planting," *Great Commission Research Journal* 9.1 (2017): 56–70.
2   이 장의 일부는 다음의 학술 논문에서 처음 출판되었다. W. Jay Moon, "Entrepreneurial Church Planting," *Great Commission Research Journal* 9.1 (2017): 56–70.

2. 기업가에 관한 통념

 외향적이고, 적극적이며, 그리고 카페인에 의해 각성한 듯이 늘 흥분해 있는 A형의 사람, 서부 영화의 주인공같이 고독한 인물, 직관적 천재, 그리고 극도의 위험을 즐기는 사람을 상상해 보라. 많은 사람이 이것을 전형적인 기업가의 모습으로 여긴다. 이런 생각의 틀은 고정관념이 데이터에 의해 입증된 것은 아니라는 것을 보여 준다. 오히려 기업가에 관한 이런 묘사는 단순히 신화에 불과하다.
 매우 내성적인, 애플의 공동 창업자 스티브 워즈니악(Steve Wozniak)과 같은 실제 사례를 보면 이 고정관념이 깨진다. 웨즈니악은 이렇게 말했다.

> 나는 소셜 네트워크(social networks)에 적합한 사람이 아닙니다. 나는 평생 사회생활을 해 본 적이 없습니다. 나는 대인관계를 잘 하지 못합니다.[3]

 기업가 세계에서 워즈니악만 그런 것은 아니다. 다음과 같은 성공한 기업가들도 자칭 내성적인 사람들이다.[4]

- 워렌 버핏(Warren Buffett): 버크셔해서웨이 CEO
- 래리 페이지(Larry Page): 구글 공동 창업자 겸 CEO
- 마크 주커버그(Mark Zuckerberg): 페이스북 공동 창업자 겸 CEO
- 엘론 머스크(Elon Musk): 테슬라 자동차의 CEO 겸 제품 설계자

 연구자들은 일반적으로 기업가들의 일반적 성격 특성을 식별하려고 시도했지만, 최근 데이터는 이들을 다른 결론으로 이끌었다.

---

3 http://fortune.com/2017/04/21/steve-wozniak-apple-microsoft/
4 https://www.truity.com/blog/5-super-successful-introverts-and-what-they-did-right

하이디 넥(Heidi M. Neck), 크리스토퍼 넥(Christopher P. Neck), 그리고 에마 머레이(Emma L. Murray)는 이에 관해 다음과 같이 설명한다.

> 지난 몇십 년 동안 연구자들은 기업가들이 생각하고 행동하는 방식에 관한 특성 관점에서 멀어졌으며, 대신 기업가들이 생각하는 방식에 일정한 패턴들이 있음을 발견했다.[5]

기업가에 관해 연구자들이 발견한 진실을 요약하면 다음과 같다.

첫째, 기업가에게는 특별한 성격 특성이 없다.
둘째, 기업가 정신은 배울 수 있는 것이다(이것은 훈련을 통해 습득되는 것이다).
셋째, 기업가는 극단적인 위험을 감수하는 사람이 아니다.
넷째, 기업가는 경쟁하기보다 협력한다.
다섯째, 기업가는 계획보다 행동에 힘을 쏟는다.
여섯째, 기업가 정신은 삶의 기술과 같다.[6]

이런 사실들은 사람들이 일터교회 개척자에 관해 가질 수 있는 많은 오해를 없애 준다.

3. 기업가적 사고와 행동

기업가적 잠재력을 발견하기 위해서는 특정한 성격 특성을 가진 일터교회 개척자를 찾는 대신 기업가적 사고와 행동 패턴을 찾는 데 초점을 맞춰

---

5 Heidi M. Neck, Christopher P. Neck, and Emma L. Murray, *Entrepreneurship: The Practice and Mindset* (Thousand Oaks, CA: Sage, 2018), 9.

6 Ibid., 8.

야 한다. 연구자들은 "기업가들이 생각하는 방식에 일정한 패턴들이 있다는 것을 발견했다. 이것은 우리가 모두 훈련을 통해 기업가적으로 행동하고 생각할 수 있는 능력을 갖출 수 있음을 의미한다."[7]

기업가들이 함양하는 다섯 가지 핵심 기술은 놀이, 실험, 공감, 창의성, 그리고 성찰이다.[8] 이 기술들을 함양하고 실증함으로써 사람들은 기업가적으로 생각하고 행동할 수 있게 된다.

스탠퍼드대학교(Stanford University) 심리학자 캐롤 드웩(Carol Dweck)[9]은 고착형 사고방식(a fixed mindset)과 성장형 사고방식(a growth mindset)이라는 두 가지 유형의 사고방식을 설명한다. 성공한 기업가는 성장형 사고방식을 함양하는 경향이 있다. 두 가지 사고방식은 다음과 같이 설명된다.

> **고착형 사고방식**을 가진 사람들은 자신의 재능과 능력을 고정된 특성으로 인식한다. 그들은 두뇌와 재능만으로도 성공할 수 있다고 믿으며, 항상 똑똑해 보이는 것을 목표로 인생을 살아간다. 그들은 자신의 능력에 대한 건설적 비판을 매우 개인적으로 받아들이고, 다른 사람의 성공을 운이나 일종의 불공정한 이점으로 돌리는 경향이 있다. 고착형 사고방식을 가진 사람들은 도전, 실패, 또는 멍청해 보이는 것을 피하려고 자신이 무언가에 소질이 없다고 되뇔 것이다.
>
> **성장형 사고방식**을 가진 사람들은 자기 능력이 헌신과 노력, 성실을 통해 발전할 수 있다고 믿는다. 그들은 두뇌와 재능이 평생 보장되는 성공의 열쇠가 아니라 단지 출발점일 뿐이라고 생각한다. 성장형 사고방식을 가진 사람들은 간절한 마음으로 평생토록 배우고, 훈련하고, 연습함으로써 자기 자질을 향상하려고 한다. 고착형 사고방식을 가진 사람들과 달리 이들은 실패를 결과를 개선하고 실수로부터 배울 기회로 본다. 좌절에도 불구하고 그들

---

7 Ibid., 9.
8 Ibid., 43.
9 Ibid., 6.

은 포기하지 않고 인내하는 경향이 있다.¹⁰

이제 일터교회 개척자는 우리가 간단히 식별할 수 있는 특정 성격 유형을 가진 사람으로 특징지을 수 없다는 점이 분명해졌다. 오히려 그들은 정보를 받은 다음 해당 정보에 따라 행동하는 데 도움이 되는 특별한 사고방식을 개발했다. 이는 곧 일터교회 개척자의 패러다임을 개발하는 데 도움이 될 것이다.

4. 교회 개척과 기업가 정신

기업가적 교회 개척자를 식별하기 위해 우리는 교회 개척과 기업가 정신 두 분야에 능력을 갖춘 사람들을 찾고 있다. 분명히 말하면, 이 두 용어는 동의어가 아니다.

에드 스테처(Ed Stetzer)는 이중직 개척자들(bivocational planters)에게 다음과 같이 경고한다.

> 이 이중의 부르심은 용기 없는 사람들을 위한 것이 아니다. 두 개의 직업을 가지고 균형 있게 유지하기 위해서는 훨씬 더 면밀한 검토가 필요하다.¹¹

일터교회 개척자는 교회 개척과 기업가 정신의 표준 요구 사항을 모두 충족해야 한다.¹²

---

10 Ibid., 6.
11 http://www.christianitytoday.com/edstetzer/2017/september/bivocational-ministry-as-evangelism-opportunity.html
12 다음을 포함하여 교회 개척자의 특성들을 요약하는 몇 가지 자료가 있다. Winfield Bevins, *Church-Planting Revolution: A Guidebook for Explorers, Planters, and Their Teams* (Franklin, TN: Seedbed, 2017); Michael Moynagh and Philip Harrold, *Church for Every*

한편으로 기업가와 교회 개척자 사이에는 다음과 같은 유사점이 있다.

- 손에 있는 것을 가지고 시작하여 아직 존재하지 않는 것을 만들어 낸다.
- 믿음으로 일을 진행한다(기업가들은 이를 '계산된 위험'[calculated risk]이라고 부른다).
- 다른 사람들을 위한 가치 창출을 추구한다.
- 기회(필요)를 찾고 그에 따라 행동한다.
- 정기적인 현금 흐름이 있는 재정이 필요하다.
- 인적 자원을 관리하고 조직한다.
- 탈진하기 쉽다.

반면에 교회 개척자와 기업가 사이에는 몇 가지 중요한 차이점이 있다.

- 교회 개척자는 단순히 비즈니스 계획이 아닌 성령의 역사에 의존한다. 이것은 형식적 재정 계획만으로는 얻을 수 없는 영적 통찰력이 필요하다.
- 단순히 그들의 필요와 욕구를 채워 주는 것이 아니라 다른 사람들의 세계관을 변화시키는 것을 목표로 한다. 따라서 성공은 단순히 하나의 재정적 수익에 도달하는 것이 아니라 영적, 사회적 측정 기준에 주의를 기울이는 것을 포함한다.
- 고객이 왕이 아님을 인식한다. 하나님의 선교(*Missio Dei*)는 교회 개척자가 하나님 나라를 드러내도록 동기를 부여하여 교회가 세상을 위한

Context: An Introduction to Theology and Practice (London: SCM, 2012); Stuart Murray, *Planting Churches in the 21st Century* (Scottdale, PA: Herald Press, 2010); Craig Ott and Gene Wilson, *Global Church Planting: Biblical Principles and Best Practices for Multiplication* (Grand Rapids: Baker Academic, 2011).

하나님 나라의 표징, 대리인, 그리고 미리 맛보기가 되도록 한다.[13]

그러므로 교회는 단순히 신자들에게 매력적인 영적 봉사를 제공하기 위해 존재하는 것이 아니다. 오히려 교회는 문화 속에서 예언적 목소리를 내는 것을 포함하여 세상에 복음을 전하기 위해 하나님과 함께 선교하도록 항상 요구받는다.

5. 원형적 일터교회 개척자들

사업가로서 자질을 갖춘 교회 개척자를 찾는 일은 너무도 어려운 일이지만, 다행히도 우리를 안내할 몇 가지 예가 있다. 우리는 이미 이전 장들에서 몇 가지 역사적 사건과 성경적 예를 살펴보았다. 게다가 영국[14], 한국[15], 아프리카[16], 아시아 및 미국[17]에는 전 세계적으로 중요한 현대적 사례들이 있

---

13 Leslie Newbigin, *The Gospel in a Pluralist Society* (Grand Rapids: Eerdmans, 1989).
14 영국의 '교회의 새로운 표현들'(Fresh Expressions of Church: FXC) 운동에서 비롯된 ECP의 예에 대해 자세히 알아보려면 다음을 참조하라. https://freshexpressions.org.uk/
15 한국의 ECP 사례에 대해 자세히 알아보려면 주상락과 이삼열의 연구를 참조하라. *Entrepreneurial Church Planting (ECP) as a Model of Fresh Expressions in the South Korean context: Case Studies Exploring Relationships between Church Planting and Social Capital* (PhD dissertation at Asbury Theological Seminary, 2017) and Samuel Lee, "Faith in the Marketplace: Measuring the Impact of the Church in the Marketplace Through Entrepreneurial Church Planting" (PhD dissertation at Asbury Theological Seminary, scheduled for completion in 2018).
16 예를 들어, 존슨 아사레(Johnson Asare)는 이슬람교도가 많은 도시에서 호텔을 열었으며, 이 호텔은 교회 개척을 위한 장소이기도 하다. http://www.radach.org/site
17 필리핀과 같이 쇼핑몰 안에 있는 교회도 참조해 보라. http://www.dailymail.co.uk/wires/afp/article-2914880/Eat-pray-shop-Philippines-embraces-mall-worshipping.html. 덧붙여서, 영업을 유지하기 어려운 미국의 쇼핑몰 역시 이제 교회에 문을 열고 있다. https://www.wsj.com/articles/for-some-struggling-malls-churches-offer-second-life-1507633201

다. 연구해 볼 만한 예가 많이 있지만, 다음 사례 연구들은 내가 직접 관찰한 일터교회 개척자들의 일반적인 패러다임을 보여 준다.

기업가이자 교육자인 마이클 골즈비(Michael Goldsby)는 기업가의 특징을 묘사하기 위한 패러다임 하나를 개발했다.[18] 많은 기업가를 연구한 뒤 골즈비는 기업가들이 새로운 정보를 얻고 그것을 바탕으로 행동하는 방식 면에서 다른 사람들과 다르다는 점을 발견하고 이를 바탕으로 기업가 유형을 네 가지로 정리했다.

일터교회 개척자들을 설명하기 위해 아래의 〈표 1〉을 만들었는데, 이것은 내가 방문했던 사례 연구를 바탕으로 골즈비의 모델을 수정한 것이다.

Y축은 일터교회 개척자들이 정보를 얻는 방식을 나타내는데, (정량적 데이터, 설문조사, 통계, 인구 통계와 같은) 구체적인 방식과 (정성적 데이터, 선호도, 태도, 열망 등과 같은) 추상적인 방식으로 구분된다. X축은 일터교회 개척자들이 정보를 바탕으로 행동하는 방식을 나타내는데, (사람, 장소, 이질적 아이디어들을 함께) 연결하는 방식과 (기회, 가능성 및 새로운 아이디어들에 대한) 탐구적인 방식으로 구분된다.

〈표 4〉일터교회 개척자 유형

정보를 받는 방식	추상적	전도자	예술가
	구체적	건축가	사회과학자
		연결적	탐구적
		정보를 바탕으로 행동하는 방식	

---

[18] Michael Goldsby, *The Entrepreneur's Tool Kit*, CD, The Great Courses (Chantilly, VA: The Teaching Company, 2014).

1) 예술가 유형(추상적 탐구가)

예술가 유형의 일터교회 개척자는 선호도, 가치, 이상(理想), 영감, 그리고 꿈과 같은 추상적 정보를 모은다. 그들이 이런 정보를 모으면, 새로운 아이디어와 가능성을 탐구하여 행동에 옮긴다. 테네시주 채터누가에서 '캠프하우스'(The Camp House)를 개척한 크리스 소렌슨(Chris Sorenson)은 예술가적 일터교회 개척자의 한 예이다.[19]

캠프하우스는 종일 고품질 커피와 음식을 제공하는 커피숍 겸 카페이다. 내가 방문한 주에 캠프하우스는 테이블 사용 비용만 내면, 매일 저녁 쇼를 제공한다고 광고했다. 토요일 저녁에 나는 카페에 건물 전체에 흩어진 테이블 중 하나에 앉아 대부분 밀레니얼 세대인 50명에서 75명 정도 되는 사람들과 함께 지역 음악가들의 연주를 즐겼다.

커피 바 근처의 조명은 현대적 매력을 드러내지만, 비잔틴 모자이크가 표시된 무대에 가까이 다가갈수록 조명과 예술 작품은 '고풍적' 분위기를 자아냈다. 이런 '고대적이면서도 미래적인 교회'(the ancient-future church)의 예술적 표현은 크리스와 그의 교회 개척팀에게 동기를 불어넣고 있었다.

주일 아침, 카페의 테이블들은 옆으로 치워지고 성공회 예배를 위해 약 150명 가량이 앉을 수 있는 의자들이 놓였다. 이런 일터교회 개척 모델은 현재 채터누가에 있는 다른 두 커피숍에 그대로 적용되었으며, 추가 확장 계획이 이미 작업 중이다.[20]

---

[19] 자세한 내용은 다음을 참조하라. http://thecamphouse.com/
[20] http://mchatt.org/

2) 사회과학자(구체적 탐험가)

사회과학자 유형의 일터교회 개척자는 사실 수치 및 인구 통계와 같은 구체적 정보를 수집하지만, 그 정보를 활용하여 가능한 기회와 아이디어를 탐색한다. 밥 암스트롱(Bob Armstrong)은 앨라배마주 셀마시에서 블루진셀마(Blue Jean Selma)교회와 비즈니스 인큐베이팅인 APBA(Arsenal Place Business Accelerator)를 시작한 사회과학자 유형의 일터교회 개척자이다.[21]

판사인 암스트롱은 자신이 담당하고 있는 지역에 빈곤, 실업, 그리고 인종차별과 관련된 심각한 문제가 있음을 알게 되었다. 그 결과 그는 도시에서 이런 긴급한 문제들을 극복하기 위한 하나님 나라의 전략으로 교회와 비즈니스 인큐베이터를 시작했다. 지금까지 육성된 기업이 여섯 개에 이른다.

첫 번째 사업인 'G 마마스 쿠키'(G Mommas Cookies)는 이제 전국의 모든 크래커배럴(Cracker Barrel) 레스토랑과 미국 남동부의 월마트(Walmart) 매장은 판매 성공으로 인해 확장되었다.

블루진셀마교회는 매주 200명의 매우 다양한 그룹이 모인다. 암스트롱은 다음과 같이 말한다.

> 우리 모임에는 흑인, 백인, 부자, 빈곤층, 중산층, 중독자, 은행장, 정신 장애자, 의사, 변호사, 육체 노동자, 실업자, 젊은이, 그리고 노인이 있습니다. 우리는 완전히 통합되어 있습니다.[22]

---

21 교회에 대한 자세한 내용은 다음을 참조하라. http://bluejeanselma.wixsite.com/bluejean

22 Bob Armstrong, "A Proposal for The Millennial Project 2016" (Unpublished paper, 2016), 1.

도시 안에 해묵은 여러 문제를 안고 있는 블루진셀마교회는 도시를 변화시키기 위해 도시 내에서 다양한 비즈니스를 육성하는 것과 같은 독특한 접근 방식을 모색하고 있다.[23]

3) 전도자(추상적 연결자)

전도자[24]는 예술가형 일터교회 개척자처럼 선호도, 가치, 이상, 영감, 그리고 꿈과 같은 추상적 정보를 수집한다. 그러나 예술가와는 달리 전도자는 이 정보를 사용하여 사람들과 공간을 연결한다. 예를 들어, 켄터키주 니콜라스빌(Nicholasville)에서 교회를 개척한 숀 믹슐(Shawn Mikschl)는 전도자 유형의 일터교회 개척자이다.

믹슐은 협력을 통해 형성되는 진정한 관계를 만들고 불신자들을 이해하려고 일부러 로컬 레스토랑에서 동료 웨이터와 웨이트리스들과 함께 일한다. 특이한 점은 그의 교회는 목요일 밤 11시에 모인다는 것이다, 왜냐하면, 그때 그들이 퇴근하고 모일 수 있는 시간이기 때문이다.

더욱 흥미로운 점은 이 단순한 교회가 지역 레스토랑에서 모인다는 것이다. 이전 장소들(믹슐의 집을 포함해서)은 그들에게 그다지 매력적이지 않았다. 이 그룹에 참석하는 사람은 다양하지만, 약 15명이 정기적으로 모여 기도하고 예배하고 성경을 배운다.

---

23 더 자세한 내용은 다음을 참조하시오. "A Sweet Fragrance: Networking and Partnership in Selma, AL" in *Social Entrepreneurship: Case Studies*, ed. W. Jay Moon, Roman Randall, and Joshua Moon (Nicholasville, KY: DOPS, 2017).

24 세속적인 비즈니스 작가인 마이클 골즈비(Michael Goldsby)는 비즈니스하는 사람들이 시장에서 알아볼 수 있는 특정 유형의 기업가를 설명하기 위해 '전도자'라는 용어를 선택했다. 비록 이 용어가 성경적 의미도 있지만, 선교적 창업 정신과 교회 개척의 학문 사이에 좋은 다리 역할을 하는 것 같아서 이 용어를 유지하기로 했다.

4) 건축가(구체적 연결자)

건축가는 사회과학자처럼 사실 수치, 그리고 인구 통계와 같은 구체적 정보를 수집한다. 그러나 건축자는 이 정보를 사용하여 사람과 장소를 함께 연결한다는 점에서 사회과학자와 다르다. 예를 들어, 켄터키주 린치시에서 사역하는 로니 라일리(Lonnie Riley)는 건축자 유형의 일터교회 개척자이다.

라일리는 처음에 탄광 마을로 이사를 했을 때 깊은 빈곤과 절망을 목격했다. 그는 먼저 마을 울타리를 손질하고, 쿠키를 구워 이웃에게 나누어 주는 것과 같은 단순한 친절 행위를 통해 지역사회를 섬기기 시작했다.

점차 그는 마을에 비어 있는 여러 개의 건물을 확보하고 활성화하여 커피숍, 주유소, 호텔, 수양관, 피트니스 센터, 동물 병원, 자전거 대여소, 커뮤니티센터, 교육 시설, 마구간, 그리고 트롤리 서비스를 포함한 15개 사업과 사역을 시작했다. 이것은 라일리가 설명한 것처럼 교회 개척, 크리스천커뮤니티센터, 지역사회의 다른 교회 활성화로 이어졌다.

"메리조센터사역(Meridzo Center Ministries) 직원들의 모임으로 시작된 소그룹 모임은 예수 그리스도의 이름과 사랑의 성령 안에서 각계각층의 사람들이 찬양과 예배, 성경 공부, 따뜻한 가족 친교를 위해 모일 수 있는 안전하고 친근한 공공장소로 발전했다."[25]

이 사역은 최근에 만들어진 다큐멘터리 〈그건 단지 쿠키 반죽일 뿐이다〉(It's Only Cookie Dough)에서 묘사된 것처럼 린치(Lynch) 마을에 상당한 변화를 가져왔다.[26]

---

[25] http://meridzo.com/community-christian-center/
[26] Sentinel Group, *It's Only Cookie Dough*, DVD (Lynwood, WA, 2016).

6. 모범적인 일터교회 개척자들의 일반적 경향

일터교회 개척자들의 특성을 찾으려고 할 때, 모든 사람에게 공통된 하나의 특징이 있는 것은 아니다. 위의 네 가지 원형에서 언급한 일터교회 개척자들은 매우 다른 성격과 특성들을 가지고 있다는 것을 알 수 있다. 이것은 사람들이 이상적인 기업가에 관해 흔히 가지고 있는 많은 신화를 없애 준다. 반면에 내가 관찰한 두 가지 넓은 범주에는 그들 모두에게 적용되는 공통적인 몇 가지 경향이 있었다.[27]

1) 초기 동기

(1) 필요 발견하기

그들은 모두 부족하거나 개선이 필요한 영역을 인식하고 변화를 원했다. 다른 사람들은 지역사회의 변화로 인해 자신에게 강요된 상황을 되돌리려는 열망을 갖고 있지만, 대부분의 일터교회 개척자들은 현상 유지에 만족하지 않았다.

(2) 하나님의 지시 기다리기

그들은 하나님의 인도하심을 기꺼이 기다리며 천천히 움직였다. 그 사이 그들 모두는 기다림과 기도의 시간을 보냈다. 이것은 그들이 다음에 무엇을 해야 할지 정확히 알 수 없는 불확실한 기간이었다. 그들은 하나님의 강한 부르심을 느꼈지만(행동하도록 동기를 부여함), 정확한 단계가 나와 있

---

27 이런 경향성은 사회적 기업가에 대한 나의 연구에서 처음 관찰되었다(일부는 패러다임에서 설명한 것과 동일한 선교적 창업 정신 교회 개척자이기도 하다). Robert Danielson, ed., *Social Entrepreneur: The Business of Changing the World* (Franklin, TN: Seedbed, 2015), 이책은 주상락 역, 기독교 사회적 기업가: 변화하는 일상에서의 선교적 비즈니스 (서울: 플랜터스, 2022)로 번역되었다.

지 않아 매일 하나님의 인도하심에 의존해야 했다.

(3) 다양한 경험을 수용함

일터교회 개척자들은 모두 서로 다른 문화적 환경에서 살았고, 기꺼이 새로운 장소로 이주하여 위험을 감수했다. 때로는 재정적 필요가 원래의 동기였으며, 특히 일부 목회자들은 외부 자금에 의존하지 않고 현지에서 사역 자금을 조달하기를 원했다. 다양한 문화적 경험은 지역사회의 끊임없는 문제에 관한 새롭고도 신선한 접근을 촉진했다.

(4) 현재 있는 곳에서 자신이 가진 것으로 시작하기

예를 들면, 모든 비즈니스는 쿠키 만들기, 울타리 손질하기 또는 오래된 건물의 용도 변경과 같이 매우 간단하고 작은 일로 시작되었다. 그들은 기존의 관심사, 재능, 그리고 경험을 사용하여 비즈니스를 구축했다(예: 승마, 주택 건설 또는 사업 경험). 그들은 작은 일에 충실하면 나중에 더 큰 기회를 얻는다는 것을 알고 있다.

2) 개인적 배경

(1) 믿음이 기초이다

그들은 모두 강하고 성숙한 기독교 신앙이 있었다. 그들은 계산된 위험을 감수했고(충동적인 도박꾼이 아님), 쉽게 단념하지 않았으며(하나님의 지시를 기꺼이 기다리며), 약간은 고집이 셌다(초기 실패 또는 교회나 지역사회의 반대에도 불구하고 단념하지 않음). 또한, 대부분 그들의 비즈니스를 시작하기 전에 사역한 경험이 있었다.

(2) 가장 가까운 사람들이 우리의 가장 강력한 자산이 된다

그들은 사역에 도움을 주기 위해 나중에 합류한 외부 사역자들과 연결되어 있었다. 내가 발견한 한 가지 놀라운 사실은 일터교회 개척자 중 상당수가 상당한 비즈니스 경험을 가진 배우자를 두고 있었다는 점이다. 여러 사람이 운영, 재무 또는 회계와 같은 일상적인 비즈니스를 위해 배우자에게 어떻게 의존했는지 설명했다.

자금 출처는 일반적으로 친구, 가족, 직장 동료, 교인, 그리고 더 넓은 교회 연결망이 망라된 긴밀한 네트워크에서 나왔다. 크라운미니스트리(Crown Ministries)와 컴퍼스(Compass)의 설립자인 하워드 데이튼(Howard Dayton)은, 창업을 고려하고 있는 사람들은 멘토를 찾아야 한다고 말한다. 그는 "주님께 멘토를 보내 달라고 기도해야 한다. 이것이 성공과 실패의 차이를 의미할 수 있다"라고 경고했다.[28]

3) 실행

(1) 팀 플레이를 잘 하는 사람들

위의 모든 일터교회 개척자는 작업을 수행하기 위해 팀에 의존했다. 솔직히 재정, 회계, 조직 계획, 관리, 그리고 교회 개척의 모든 영역에서 능력을 갖춘 사람은 없다. 결과적으로, 그들은 팀을 모집하거나 나중에 특정 기술을 가진 사람들을 찾아야 했다. 예를 들면, 크리스 소렌슨은 "이 일을 다시 해야 한다면 가장 먼저 고용하고 싶은 사람은 회계사이다"라고 말했다.

일터교회 개척을 위해서는 다양한 기술을 갖춘 유능하고 헌신적인 팀이 필수적이다. 개인적으로도 나는 탈진을 피하기 위해선 팀이 필요하다는

---

28 Howard Dayton, *Business God's Way* (Orlando: Compass, 2014), 33.

것을 다른 곳에서 많이 목격했다.²⁹

(2) 중심축 준비하기

일터교회 개척자들은 모두 사역을 어떻게 할 것인지에 대한 몇 가지 초기 아이디어를 가지고 있었지만, 그들은 발견한 것을 바탕으로 변화에 열려 있었다. 그리고 다양한 실험을 통한 시행착오가 결국 성공으로 이어졌다.

에릭 리스(Eric Ries)는 그의 저서 『린 스타트업』(The Lean Startup)에서 이것을 바른 피드백을 동반한 소규모 실험을 통한 지속적 혁신으로 설명한다.³⁰

5. 일터교회 개척자가 주의해야 할 사항

이 시점에서 일터교회 개척자들이 고려해야 할 몇 가지 주의 사항을 지적하는 것이 도움이 될 것이다. 이것들은 사회적 기업 정신과 비즈니스 선교(Business as Missions) 운동에 대한 비판에서 비롯된다.

세 가지 주요 비판은 사회의 시장화, 조잡한 비즈니스를 위한 기능적 플랫폼, 그리고 기업의 사회적 책임(Corporate Social Responsibility)을 통한 악의 정당화에 대한 경고이다. 각 주의 사항에 관해 간략하게 살펴보자.

---

29 교회 개척자이자 사업의 공동 소유주이고, 예를 들어, 대학원의 전임 교수로서 나는 이 모든 요구 사항의 균형을 맞추는 데 어려움을 겪었다. 그래서, 나는 짐을 덜기 위해 팀(4명)을 구축하여 그들을 의존하고 있다. 일터교회 개척은 혼자 활동하는 외로운 레인저(미국 TV·영화 등의 서부극의 주인공)의 개별 개척 패러다임을 '스스로의 힘으로 해쳐 가는'(부츠 스트래핑)을 의존하는 대신 사도 바울이 실천한 것처럼 교회 개척 팀의 필요성을 염두해 두어야 한다.

30 Eric Ries, The Lean Startup: How Today's Entrepreneurs Use Continuous Innovation to Create Radically Successful Businesses (New York: Crown Business, 2011).

첫째, 일터교회 개척자는 사회의 만연한 시장화를 경계해야 한다. 심슨(M. Simpson)과 체니(G. Cheney)는 시장화를 다음과 같이 정의한다.

> 시장 지향 원칙, 가치, 관행 및 어휘의 틀, 또는 전에는 시장의 일부로 간주하지 않았던 분야에 본질적으로 시장 유형의 관계가 침투하는 과정, 또는 일상적 담론에 스며들지만 대체로 의심의 여지가 없는 보편적 담론이다.[31]

요컨대, 사회를 단순히 공개된 시장으로 보는 것은 사람들을 단순한 고객이나 교환의 대상으로 비인간화하고 관계에 해를 끼칠 수 있다. 일터교회 개척자는 사람들이 단순한 고객 이상이라는 점을 기억해야 한다. 따라서 단순히 재무적 이익을 기준으로 의사를 결정해서는 안 된다.

교황 베네딕트(Pope Benedict)는 "이윤과 경제 교환 이외의 원칙이 경제 활동 자체 내에서 자리를 찾을 수 있도록 '시민 경제'를 위해 경제체제를 재구상할 것을 촉구했다."[32] 다른 이들은 시장화에 대항하기 위해 '자비로운 자본주의'를 요구한다.[33]

따라서 일터교회 개척자는 사회적 자본, 영적 자본, 그리고 재정적 자본이라는 세 가지 자본 모두에 초점을 맞춰야 한다. 실제로 이것은 의사 결정을 위해 세 가지 평가지표를 모두 고려해야 함을 의미한다.

예를 들어, 재정적 이익만을 기준으로 삼고 결정을 내리는 것은 충분하지 않다. 오히려 사회적, 영적 자본에 미치는 영향에 대해 질문해야 한다.

---

31 안젤라 아이켄베리(Angela Eikenberry)의 책에서 인용했다. "Refusing the Market: A Democratic Discourse for Voluntary and Non-Profit Organizations," Nonprofit and Voluntary Sector Quarterly 38.4 (2009): 582-96 at 584.
32 Luigino Bruni and Stefano Zamagni, *Civil Economy: Another Idea of the Market* (Newcastle upon Tyne, UK: Agenda, 2016), 17.
33 예를 들어, 다음의 책을 참조하시오. Marc Benioff and Karen Southwick, *Compassionate Capitalism: How Corporations Can Make Doing Good an Integral Part of Doing Well* (Pompton Plains, NJ: Career, 2004).

이것은 자유 시장 시스템의 과잉을 완화하고, 자비로운 보살핌과 상호 교환이 이루어지는 공동체에서 사람들을 다시 인간화한다.

둘째, 일터교회 개척자는 기능적 플랫폼을 조심해야 한다.

사람들에게 접근하기 위해 기업을 단순히 기능적 플랫폼으로 간주하면 조잡한 비즈니스 관행으로 이어질 수 있다. 접근이 제한된 국가에서의 비즈니스 선교(BAM)운동은 때때로 이런 관행으로 비난을 받아 왔다. 일터교회 개척자는 사업을 단순히 사람들을 복음화하기 위한 기능적 장치로 간주하는 대신에 시장 안에서 예배의 첫 번째 행위가 우리의 일을 탁월하게 수행하는 것임을 상기해야 한다. 조잡한 비즈니스 관행은 하나님께서 우리의 삶을 부르신다는 것을 입증하는 신뢰할 만한 증거가 아니다.

도로시 세이어스(Dorothy Sayers)는 다음과 같이 설득력 있게 말한다.

> 내가 감히 장담하건대, 나사렛의 목공소에서는 구부러진 다리나 잘 맞지 않는 서랍이 나오지 않았을 것이다.[34]

이처럼 일터교회 개척에서는 일을 통해 발전되는 가치 창출의 내재적 가치와 전도의 가치가 모두 중요하며 둘 다 강조되어야 한다.[35]

셋째, 일터교회 개척자는 '기업의 사회적 책임'(Corporate Social Responsibility: CSR)에 대한 분별력이 있어야 한다.

34　Dorothy Sayers, *Creed or Chaos?: Why Christians Must Choose Either Dogma or Disaster (Or, Why It Really Does Matter What You Believe)* (New York: Harbcourt Brace, 1949), 56–57.
35　다음의 책을 참조하시오. Richard Higginson, "Mission and Entrepreneurship," *Anvil Journal of Theology and Mission* 33.1 (2017): 15–20. 영국의 '킹덤 비즈니스'(Kingdom business)에 대한 히긴슨(Higginson)의 최근 연구에 따르면 기독교 사업가들은 하나님 나라의 선한 영향력을 표현하기 위해 다음과 같은 수단을 사용했다. 우수한 제품이나 서비스를 제공하여 세상을 더 나은 곳으로 만들고, 직장에서 기독교적 가치를 구현하고, 일터에서 믿음을 공유하고, 자선 및 기독교 대의에 기부했다.

기업의 사회적 책임은 여러 가지 이유로 많은 기업에서 인기 있는 주제가 되었다. 이것은 기업이 실제로 긍정적인 사회적 혜택을 제공함으로써 고객을 만족시키는 것을 의미한다. 이것이 좋은 말로 들릴 수 있지만, 기업의 사회적 책임은 이런 관행을 통해 그들이 따지고 보면 꽤 좋은 일을 하고 있다고 정당화하는 비윤리적 비즈니스 관행으로 사용될 수도 있다.

예를 들어, 나는 터무니없는 이율로 대출을 해 주는 '소액 단기대출'(Pay Day Loan)을 관찰했는데, 이는 종종 위험에 처한 지역사회에서 과도한 부채로 이어졌다. 그들은 나중에 고객들에게 CSR을 보여 주기 위해 같은 마을에 청소년센터를 열었다.

기독교계에서 이것은 전주(錢主)가 단순히 이익을 추가 헌금과 십일조를 바치는 데 사용함으로써 해로운 사업 관행에 면죄부를 주려는 형태로 나타날 수 있다. 18세기에 이런 문제에 직면한 존 웨슬리(John Wesley)는 비즈니스 관행에 대한 지침을 개발했다. 그는 노동자들이 신체적으로나 정신적으로 해를 입어서는 안 되며, 사회에 해를 끼쳐서는 안 된다고 지적했다.[36]

넷째, 일터교회 개척자는 웨슬리의 조언을 따른다. 웨슬리는 위에서 언급한 "해를 끼치지 말라"는 충고 외에 사업가와 여성들을 돕기 위한 두 가지를 조처했다.

(1) 그는 그들이 얼마나 많은 돈을 벌었고 그 돈으로 무엇을 했는지 정기 모임에서 보고할 책임을 강조했다. 이런 책임은 그리스도인들이 단순히 육신의 욕망을 충족하는 대신 '사회적 선'을 창출하는 수단으로 자신의 이익을 어떻게 사용하고 있는지에 계속 집중하도록 격려한 것이다.

---

36 다음을 참조하라. https://www.umcmission.org/Find-Resources/John-Wesley-Sermons/Sermon-50-The-Use-of-Money

(2) 기업가들을 돕는 웨슬리의 원칙은 그들이 관대하도록 격려하는 것이었다. 웨슬리는 세 가지 명령이 담긴 유명한 말을 했다.

할 수 있는 모든 것을 얻고, 가능한 한 절약하고, 할 수 있는 모든 것을 베풀라.

그중에서 마지막 말이 가장 실행하기 어렵다. 웨슬리는 자기 말을 실천했고, 다른 사람들도 그렇게 하도록 격려했으며, 그 결과 시장 경제가 지배하는 가운데 성공적인 일터교회 개척이 18세기 영국에서 이루어졌다.

종합하면, 위에서 설명한 각 주의 사항은 일터교회 개척자에게 비즈니스에 대한 적절한 균형과 숙고가 필요함을 상기시킨다. 예를 들어, 일터교회 개척자는 공급망과 유통망을 고려하여 시장 부문을 기반으로 한 효과적인 가치 제안으로 강력한 비즈니스 모델을 만들어야 한다.[37]

그러나 비즈니스는 수익 지표로만 평가되어서는 안 된다. 위에서 언급했듯이, 비즈니스는 세 가지 요점을 고려해야 한다. 또한, 사업체는 전도를 위해 형성된 사회적 네트워크를 효과적으로 활용할 수 있는 장으로 사용되어야 한다. 그러나 비즈니스는 단순히 조잡한 작업을 위한 플랫폼이 되어서는 안 된다.

대신에 하나님 나라를 드러내는 훌륭한 제품과 봉사로 하나님께 영광을 돌리는 기회로 삼아야 한다. 다시 말하지만, 기업은 사회적 책임을 실천하

---

[37] 강력한 비즈니스 모델을 개발하기 위해 '교회의 새로운 표현들'(FXC)의 모델(이전 장에서 나눔)과 에릭 라이스(Eric Ries)의 '린 스타트업'(The Lean Startup) 접근 방식을 통합하여 구현할 것을 권장한다. Alexander Osterwalder 및 Yves Pigneur. *Business Model Generation: A Handbook for Visionaries, Game Changers, and Challengers* (Hoboken, NJ: John Wiley & Sons, 2010).

고, 감시 세상(a watching world) 속에서 기독교 및 자선 활동을 관대하게 지원하는 환경이어야 한다. 그러나 윤리적 실천을 희생하면서 기업의 사회적 책임이나 기부를 강조해서는 안 된다. 오히려 비즈니스는 기독교 윤리와 가치를 반영하는 방식으로 수행되어야 한다.

요점은 이렇다. 이런 각 주의 사항을 고려해야 하지만, 교회가 일상과 일터에서 자신의 역할을 포기할 핑계를 제공해서는 안 된다는 것이다. 대신에 일터교회 개척자는 사려 깊은 선교사들이 외국 문화로 이동하는 것처럼 신중하고 민감하게 건전한 선교학을 사용하여 일상과 일터로 현명하게 이동해야 한다.

6. 나가는 말

모범적인 일터교회 개척자들에 관한 연구를 통해 단순히 일률적인 모델을 찾는 것이 불필요하다는 것이 분명해졌다. 일터교회 개척자들은 모두 성격이 달랐지만, 정보를 받는 방식(추상적 데이터에서 구체적 데이터까지)에 따라 명확하게 패턴을 달리했으며, 그 정보에 따라(연결에서 탐색까지) 행동을 취했다. 그들은 모두 다른 사람들을 위한 가치를 창출하는 좋은 아이디어를 가지고 있었다.

또한, 그들은 다양한 기술을 갖춘 좋은 팀을 구성했으며, 초기 아이디어를 실험하고 빠른 피드백을 기반으로 변화했다. 그들은 각각 강한 믿음의 배경을 가지고 있었고, 성령께서 인도해 주시기를 기도하면서 기꺼이 기다렸다가 적절한 시기가 되면 중요한 믿음의 발걸음을 내디뎠다. 그들은 또한 변화를 만들기 위해, 필요한 것을 인식하고, 열심히 일하고, 다양한 경험과 네트워크를 활용하여 그들이 가진 작은 것에서 시작하는 성장형 사고방식을 가졌다.

일터교회 개척자들은 부의 위험을 피하고 돈과 사업이 나쁜 주인이 아닌 좋은 청지기가 되도록 만들기 위해 적절한 지혜와 책임이 필요하다.

끝으로 나는 교회 지도자들과 개척자들이 더 많은 대화를 나누고 성찰하도록 자극하기 위한 질문들로 이 장을 마무리하고자 한다. 내가 소망하는 것은 교회가 새로운 세대의 현명한 일터 개척자들에게 힘을 실어 주기 위해 교회에서 선교적 창업 정신을 식별하고 배양하는 데 우선순위를 두는 것이다.[38]

당신의 교회는 언제, 어떻게 일상과 일터에 관한 주제를 다루는가?

평신도는 선교적 소명을 수행하기 위해 일상과 일터에서 그들의 역할에 관해 어떤 메시지를 듣는가(예: 성경적, 신학적, 선교학적, 역사적 출처와 동시대의 사례들에서)?

당신의 교회에서 일터교회 개척자의 사고방식을 보이는 사람은 누구인가?

그들이 정보를 받고 정보에 따라 행동하는 방법을 생각해 보라.

이런 일터교회 개척자들이 일터교회 개척을 통해 일상과 일터에서 불신자들에게 다가갈 수 있는 팀을 어떻게 구성할 수 있을까?

교회는 어떻게 돈과 사업의 유혹에 빠지지 않고 돈의 올바른 사용과 선교적 창업 정신을 격려할 수 있을까?

---

[38] 다음 책을 참조하시오. Greg Jones, *Christian Social Innovation: Renewing Wesleyan Witness* (Nashville: Abingdon, 2016). 그레그 존스는 기독교적 사회 혁신이 "전통적 혁신"이라고 불려지는 전통과 혁신의 강조를 통해 교회 안에서 배양되어야 한다고 강조했다.

아브라함 카이퍼(Abraham Kuyper)는 다음과 같이 주장했다.

우리 인간의 모든 실존 영역을 통치하시는 그리스도께서 "내 것이야"라고 외치지 않는 곳은 단 1제곱 인치도 없다![39]

일터교회 개척자들은 예수님이 "내 것"이라고 말씀하시는 일상과 일터에서 교회를 개척함으로써 이 대담한 주장을 실천하려고 시도한다.

---

39 https://www.goodreads.com/author/quotes/385896. Abraham_Kuyper

제9장

혁신적인 '교회의 새로운 표현들'

(윈필드 베빈스)

1. 서론

2005년 봄에 아내와 나는 새 교회를 개척하기 위해 노스캐롤라이나주의 아우터 뱅크스에 있는 작은 섬으로 이사했다. 단지 작은 믿음으로 우리는 다섯 명이 거주하는 어느 한 집에서 모임을 시작했다. 교회에 대한 우리의 비전은 간단했다. 아우터 뱅크스를 위한 교회의 토착적 표현이 되는 것이었다.

따라서 우리는 교회의 이름을 아우터뱅크스교회(Church of the Outer Banks)로 지었다. 그 후 몇 년 동안 교회는 계속해서 성장했고, 수십 명의 사람이 예수 그리스도를 믿는 믿음에 이르는 것을 목격했다.

교인 중 많은 이가 교회 배경이 전혀 없거나 거의 없는 서퍼(surfer, 파도타기를 하는 사람-역자주)였다. 그 결과 교회는 의도적으로 서핑동호회에 참가하기 시작했으며, 시간이 지남에 따라 수십 명의 서퍼에게 그리스도를 전하게 되었다. 서핑동호회에 참가하기 위해 나는 서핑하는 법을 배웠고, 파도가 잘 치는 때를 대비하여 서프보드를 차 상단에 매고 돌아다녔다.

교회는 또한 여러 창의적인 방법으로 지역사회와의 다리를 구축하기 위해 몇 가지 시장 봉사 활동에 참여했다. 우리는 교회가 해변 보호에 관심이 있음을 지역사회에 보여 주기 위해 한 달에 한 번 해변을 청소하기로 했다. 교회는 지역사회에서 위험에 처한 수백 명의 청소년에게 미술 멘토링 프로그램을 시작했고, 멀리 남미까지 떨어진 아이들도 대상으로 삼았다.

결국, 우리는 교회와 지역사회 사이에 다리를 놓기 위해 미술 전시회와 콘서트를 주최하는 비영리 미술관을 열었다. 이 창의적인 공간에서 교회는 미술, 음악, 커피가 가미된 분기별 쇼를 개최했다. 이 지역사회 미술 전시회는 지역사회에서 수백 명의 사람을 끌어들였다.

우리 주변의 지역사회를 포용함으로써 우리 교회는 불신자들과 깊은 관계를 맺고 의미 있는 방식으로 주변 사람들에게 지속해서 다가갈 수 있었다.

그 당시 우리는 우리가 사역에 대한 이런 방식을 채택함으로써 사실상 '새로운 표현들'이라고 불리는 새로운 교회 개척 운동의 일부가 되었다는 사실을 전혀 깨닫지 못했다.

2. 교회의 새로운 표현들(Fresh Expressions of Church)

그렇다면 '새로운 표현'이란 무엇인가?

'새로운 표현'은 우리의 변화하는 문화를 위한 교회의 한 형태이며, 주로 아직 교회 구성원이 아닌 사람들을 위해 만들어졌다.[1] 이 정의 내에서 강조되는 핵심 사항은 '변화하는 문화'와 기존 교회와 관련되지 않은 사람들에게 다가가는 것이다.

'교회의 새로운 표현들'(Fresh Expressions of Church: FXC) 운동은 약 10년 전에 영국에서 시작되었으며, 그 결과 영국의 기존 교회와 함께하는 3천 개 이상의 새로운 공동체가 탄생했다.[2]

2003년에 전 캔터베리 대주교 로완 윌리엄스(Rowan Williams)는 탈기독교 시대와 포스트모던 상황의 새로운 도전에 맞서기 위해 교회의 전통적인 표현들

---

[1] Travis Collins, *Fresh Expressoins of Church* (Franklin, TN: Seedbed, 2015), 5. 주상락, 이삼열 역, 『교회의 새로운 표현들 101』 (경기도: 다리빌더스, 2018)으로 번역되었다.
[2] http://freshexpressions.org.uk/about/what-is-a-fresh-expressions/

과 새로운 표현들 모두 포함하는 교회의 통합을 촉구했다. 그는 이렇게 말한다.

> 우리는 교회의 현실이 존재할 수 있는 많은 방법이 있다는 것을 인식하기 시작했다 … 이것은 특히 교회의 삶에 나타나는 혼합 경제(a mixed economy of Church life)의 발전에서 발견할 수 있다.[3]

'교회의 삶에 나타나는 혼합 경제'는 교회가 전통적(상속된) 형태의 교회와 현재의 상황적 형태의 교회를 모두 지원하기 위해 두 가지 다른 방식의 삶 또는 경제를 협력 상태로 유지하는 방법을 설명하기 때문에 중요한 개념이다. 이런 새로운 상황적 새로운 표현들은 종종 전통적인 교회 건물에서 멀리 떨어진 장소에서 모이지만, 통합을 유지하기 위해 여전히 전통교회에 묶여 있다.

반대자들은 새로운 표현들이 '동질 집단의 원리'(Homogeneous Unit Principle)에 따라 배타주의와 인종 분리로 이어질 수 있다고 주장했다.[4] 그러나 실제로는 혼합 경제의 의미는 궁극적으로 그 주장과는 반대되는 개념이다.

이 방식을 추구하는 사람들은 이미 교회에서 배제된 집단을 찾아 새로운 표현으로 다가간다. 그들이 전통적인 교회 건물과는 다른 장소에 모임으로써 하나님과 궁극적으로 더 큰 보편적 교회와 화해하게 된다.

'새로운 표현들'이라는 용어는 영국 교회의 목회자가 안수받을 때 하는 동의 선언서의 서문에서 유래하는데, 이 선언문은 교회가 각 세대에 믿음을 새

---

3   Archbishop's Council on Mission and Public Affairs, *Mission-Shaped Church: Church Planting and Fresh Expressions in a Changing Context* (New York: Seabury, 2009), 26.
4   Anderw Davison and Alison Milbank, For the Parish: A Critique of Fresh Expressions (London: SCM, 2010). 이 저자들은 새로운 표현들에 대한 신학과 교회론에 관한 다른 비평들을 제시한다. 이후의 비평은 많은 현재 서양 문화와 같은 선교적 상황에 상황화를 장려하기 위한 다양한 선교학자의 견해를 다룬다. W. Jay Moon, *Intecultural Discipleship: Learning from Global Approaches to Spritual Formation*. Encountering Mission Series (Grand Rapids: Baker Academic, 2017)을 보라.

롭게 선포해야 한다고 말한다. '새로운 표현들'이라는 표현은 이런 의미들을 반영하고 "뭔가 새롭거나 활기 넘치는 일이 일어나고 있지만, 또한 역사와의 연관성과 교회에서 진행되는 하나님의 역사"를 암시한다.[5]

이런 좀 더 큰 틀에는 새로운 표현이 무엇인지 설명하는 네 가지 원칙이 있다.

첫째, 선교적(Missional): 교회 밖의 사람들을 섬김
둘째, 상황적(Contextual): 사람들의 말을 경청하고 그들의 상황으로 들어감
셋째, 교육적(Educational): 제자도를 최우선으로 삼고, 사람들과 함께 예수님께로 여행함
넷째, 교회적(Ecclesial): 교회를 형성함. 그 모임들은 단순히 기존 교회로 가는 다리가 아니라 그들의 삶에서 다른 사람들을 위한 교회를 표현한 것임[6]

2004년 영국 교회는 현재의 새로운 표현을 반영하고 이 개척 선교의 향후 실천을 위한 권고 사항을 제시한 『선교형 교회 보고서』(*Mission Shaped Church Report*)를 발표했다. 이 보고서는 FXC가 글로벌 운동으로 발전하는 출발점이 되었다. FXC 운동은 한국, 미국, 호주, 캐나다, 그리고 독일과 같은 나라에서 구체화하기 시작했다.[7]

"복제할 단일 모델이 아니라 다양한 상황과 구성에 따른 다양한 방식이 있으므로 모든 새로운 표현이 다를 수밖에 없다. 이 운동의 강조점은 다른 곳에서 작동하는 것을 복제하는 데 있지 않고 자신의 상황에 적합한 것을 심

---

5 Ibid., 34.
6 http://community.shareheguide.org/guide/about/whatis
7 http://community.shareheguide.org/international

는(planting) 데 있다."⁸

그렇다면 새로운 표현들이 실제로 기존의 표현들과 비교할 때 뚜렷한 차이를 만드는가?

영국 교회의 최근 연구에 따르면 그렇다고 답할 수 있다. 이 연구를 위해 2012년 1월부터 2016년 5월까지 21개 교구에서 2,700개 이상의 사례가 조사되었으며, 데이터는 주요 리더들과의 인터뷰에서 나왔다.

대주교의 선교사(missioner)이자 '새로운 표현들'(Fresh Expressions)의 리더인 필 포터(Phil Potter)는 연구 결과에 관해 언급하면서 다음과 같이 말했다.

> 이것은 우리가 지금까지 수행한 것 중 가장 심층적인 연구이며, 교회가 어떻게 새로운 표현을 통해 복음 전도에 대한 새로운 자신감을 발견하고 있는지를 보여 주는 고무적이고 흥미로운 스냅 사진을 제공한다.⁹

이 보고서에 덧붙여, 처치아미(Church Army: 1882년에 창설된 복음주의 조직이자 선교공동체이며 현재 성공회 여러 지역에서 국제적으로 활동하고 있다 -역자주)의 교회위원회를 위한 연구단은 연구단장 조지 링스(George Lings) 박사가 "영국 교회의 다른 어떤 집단도 이런 정도의 선교적 영향과 더 많은 교회 공동체를 추가하는 효과를 가지고 있지 않다"라고 언급한 또 다른 상세한 연구를 수행했다.¹⁰

이 연구들은 이 혁신적 운동의 폭발에 주목했다. 이 운동이 영국에 미친 영향 중 중요한 몇 가지 사실만 나열하자면 다음과 같다.

---

8   http://www.freshexpressions.org.uk/about/whatis
9   http://community.sharetheguide.org/news/anglicanresearch
10 http://community.sharetheguide.org/news/anglicanresearch

- 영국 교회의 교구 절반에 걸쳐 50,600명 이상의 사람들이 FXC에 참석한다.
- 참석자들의 대다수는 여성이며 교구 회중의 평균 연령보다 어리다. 현재 영국 전역의 모든 교단에 걸쳐 3,400개 이상의 FXC 회중이 보고되었다.
- FXC에 참여하는 사람들의 40퍼센트가 과거에 전혀 교회를 경험하지 못했다는 점은 이 운동의 선교적 성격을 잘 보여 준다.
- 연구에 포함된 FXC의 약 44퍼센트는 2010년에서 2012년 사이에 시작되었다.
- 전형적인 FXC는 3-12명으로 시작된다.
- FXC에 참석하는 사람들의 약 24.5퍼센트는 이미 교회를 다니고 있었던 신자들이고, 35.2퍼센트는 예전에 교회에 속했지만 어떤 이유로든 교회를 떠난 사람들이며, FXC를 시작한 교구에서 조사된 13.5퍼센트의 신자 중 40.3퍼센트는 교회 배경이 전혀 없는 사람들이다.
- FXC의 52퍼센트는 안수받지 않은 사람들이 이끌고 있으며, 이는 풀뿌리와 같은 평신도들이 이끄는, 이 운동의 특성을 나타낸다.
- FXC에는 적어도 20가지 유형이 있으며, 평균 규모는 44명이다.
- FXC는 영국 교회의 모든 전통에서 찾을 수 있다. FXC들은 다양한 시간과 요일에, 다양한 지리적 환경에서 모든 종류의 장소에서 만난다. FXC의 세계는 "다양하고 작은 공동체" 중 하나로 묘사된다.
- 대다수(66퍼센트)는 수치상으로 계속 증가하거나 이미 이루어진 성장을 유지하고 있다.[11]

FXC는 모델이 아니며 새로운 신앙공동체를 개척하는 상황화된 방식이라는 점에 유의하는 것이 중요하다. 닐 콜(Neil Cole)이 우리에게 상기시켜

---

11 http://www.churcharmy.org.uk/Group/Group.aspx?id=286719

주듯이, "해답은 우리의 모델, 방법, 인위적 시스템에 있지 않고 하나님 말씀의 진리와 하나님의 영으로 채워지는 데 있다."[12]

각각의 FXC는 독특한 맥락과 문화 속에서 교회가 되도록 부름을 받았다. 『모든 상황을 위한 교회』(Church for Every Context) 연구자이자 저자인 마이클 모이나(Michael Moynagh)는 "그들이 섬기는 사람들의 문화에 맞도록 추구할 수 있는" 이런 상황화된 방식을 높이 평가한다.[13]

다양성과 관련하여 어느 모델도 다른 모델보다 낫지 않다. 각 사람에게는 특정 상황에 적응할 때 성령에 의해 사용될 수 있는 능력이 있다.

FXC는 단지 하나의 좋은 아이디어가 아니다. 그것들은 하나님의 선교(Missio Dei)에서 흘러나온다. 하나님은 우리가 하나님의 선교에 동참하도록 강하게 요구하는, 보내시는 하나님(a sending God)이다.

예수님은 다음과 같이 선언하셨다.

> 아버지께서 나를 세상에 보내신 것 같이 나도 그들을 세상에 보내었고(요 17:18).

선교학자 크리스토퍼 라이트(Christopher Wright)는 선교에 대해 다음과 같이 말했다.

> 선교는 우리 하나님께 속해 있다. 선교는 우리의 것이 아니다. 선교는 하나님의 것이다. … 이 말은 하나님께서 세상에서 교회를 위해 선교를 하는 것이 아니라 세상에서 자신의 선교를 위해 교회를 세우신다는 것을 뜻한다. 선교는 교회를 위해 존재하지 않는다. 오히려 교회가 선교 곧 하나님의 선

12　Neil Cole, *Organic Church: Growing Faith Where Life Happens* (San Francisco: Jossey-Bass, 2005)를 보라.

13　Michael Moynagh, *Church for Every Context: An Introduction to Theology and Practice* (London: SCM Press, 2012), 194.

교를 위해 존재하는 것이다.[14]

풀러신학대학원(Fuller Theological Seminary)의 교회 성장 명예교수인 에디 깁스(Eddie Gibbs)에 따르면 새로운 표현들은 '선교의 다섯 가지 특징'(The Five Marks of Mission)을 드러낸다.[15] 선교의 다섯 가지 특징은 다음과 같다.

첫째, 하나님 나라의 좋은 소식을 선포한다.
둘째, 새로운 신자들을 가르치고, 세례를 주고, 양육한다.
셋째, 사랑의 봉사로 인간의 필요에 부응한다.
넷째, 사회의 부당한 구조를 변화시키고, 모든 종류의 폭력에 도전하며, 평화와 화해를 추구한다.
다섯째, 피조물의 완전성을 보호하며, 지구의 생명을 유지하고 갱신하기 위해 노력한다.

3. 새로운 표현의 사례들

저녁식사교회(dinner churches), 자전거동호인교회(biker churches), 카우보이교회(cowboy churches), 그리고 심지어 우리가 노스캐롤라이나 아우터 뱅크스에서 시작한 것과 같은 서퍼교회(surfer churches)와 같은 새로운 표현의 수많은 사례가 있다.

---

14 Christopher J. H. Wright, *The Mission of God: Unlocking the Bible's Grand Narrative* (Downers Grove: IL: InterVarsity, 2006), 62.
15 Eddie Gibbs, *Church Morph: How Megatrends are Reshaping Christian Communities, Allelon Missional Series* (Grand Rapids: Baker Academic, 2009), 65. 선교의 다섯 가지 특징은 1984년 세계성공회협의회(the Anglican Consultative Council)에서 발표되었다.

새로운 표현들은 커피하우스, 지역 술집, 볼링장, 장례식장, YMCA, 학교에서 만나고, 심지어는 야외 나무 아래에서도 만난다.[16] 하나님의 선교를 실행하는 것은 모든 종류의 사람들에게 다가가는, 모든 종류에 표현해야 한다.

본질적으로 각각의 FXC는 다양한 색상으로 구성된 벽걸이 융단(tapestry)의 모자이크와 같다. 각 조각은 서로 다른 색상을 표시하지만, 그 개별 조각들이 아름다운 걸작을 표현한다. 마찬가지로 오늘날 그리스도의 몸을 구성하는 교회의 표현은 다양하다.

다음 사례는 FXC가 어떻게 형성되는지를 어느 정도 알 수 있게 해 준다.

요리하는 것을 좋아하고 영국의 작은 마을에 사는 세 명의 여성 그리스도인이 있었다. 그들은 지역사회의 불신자 청소년들을 초대하여 요리하는 법을 가르쳐 주고 함께 만든 음식을 나누어 먹는 일을 했다. 함께 식사하면서 청소년들은 자기 삶에 관해 이야기했고, 여성들은 그들의 기독교 신앙에 관해 말할 수 있었다.

식사는 항상 감사의 기도로 시작되었고, 청소년들은 여성들에게 감사하다는 말을 덧붙였다. 시간이 지남에 따라 이십 대 아이들은 기독교를 받아들이기 시작했고, 그 결과로 새로운 기독교공동체가 탄생했다.[17]

우리는 이 이야기에서 FXC의 목표가 기존 교회로 나가는 디딤돌을 제공하는 것이 아니라 그 자체로 기존 교회와는 다른, 새로운 종류의 교회를 형성하는 것임을 알 수 있다.[18]

---

16 새로운 표현들은 다양한 사례들이 있다. 영국에 예는, http://freshexpressions.org.uk/를 참조하고, 미국에 사례들은 http://freshexpressionsus.org를 캐나다 예들은 http://freshexpressions.ca를 보라.
17 http://freshexpressions.org.uk/guide/essential/whatare
18 http://freshexpressionsus.org/about.what-is-a-fresh-expression

FXC의 또 다른 사례는, '교회의 새로운 표현들'이 교회의 전통적인 표현들과 근본적으로 다르게 보일 수 있지만, 기존 교회와 협력하여 시작할 때 가장 잘 번성할 수 있음을 상기시킨다.

교회 개척자 루크 에드워즈(Luke Edwards)는 2013년 부네연합감리교회 내 FXC로 킹스트리트교회(King Street Church)를 개척했다. 부네연합감리교회가 지역사회의 주변부에서 사는 사람들에게 다가가고 싶어서 킹스트리트교회의 개척을 요청한 것이다.

킹스트리트교회의 루크 에드워즈 목사는 이렇게 말했다.

> 우리는 모든 사람을 환영하고, 우리 공동체에 포함하고, 함께 예배하도록 부름을 받았습니다. 우리는 여전히 소외된 사람들을 공동체에서 배제하고 있습니다. 우리는 그들을 위해 봉사만 했지 환영하지는 않았기 때문입니다.

그들은 새 교회를 위해 어떤 모델 또는 접근 방식을 취할지 검토한 뒤 FXC 모델을 따르기로 했다. 왜냐하면, 전통적인 복음을 새로운 방식으로 제시함으로써 교회에 익숙하지 않은 사람들도 신앙공동체에 좀 더 쉽게 합류할 수 있게 된다는 것을 알게 되었기 때문이다.

처음에 루크는 복음을 전하기 위해 몇 사람에게 다가갔는데, 그들은 기독교 신앙을 탐구하면서도 그리스도인은 아니었다. 5-6명으로 구성된 이 그룹은 한여름 동안 함께 식사하며 3개월을 보냈다. 점차 이 그룹은 함께 예배하고 신앙과 삶에 관해 대화하는 공동체가 되었다. 그 결과로 킹스트리트교회가 탄생했다.

이제 이 그룹은 매주 바에서 모임 갖는다. 일요일 저녁에 그리스도인들과 비그리스도인들이 한자리에 모여 성경 구절을 읽고, 삶에 적용하고, 음식과 음료수를 함께 나눈다. 킹스트리트교회는 현재 특정 그룹의 사람들을 염두에 두고 만든 다양한 모임을 제공한다.

여기에는 와타우가 카운티 감옥의 수감자, 대학생, 노숙자, 사업가를 대상으로 한 사역들, 봉사 프로젝트들, 독신엄마모임(Single Mom Squad), 그리고 죽음과 죽음의 과정에 관한 공개적이고도 솔직한 대화를 장려하는 죽음예비카페(Death Café)가 포함된다.[19] 킹스트리트교회는 하나의 새로운 표현이 기존 교회와 어떻게 파트너가 될 수 있는지를 보여 주는 멋진 사례다.

4. 새로운 표현을 시작하는 방법

FXC는 각각 독특하고 다르지만, 주의 깊은 경청, 봉사, 상황에 맞는 선교, 그리고 제자 삼는 원리를 통해 존재하게 된다.

그렇다면 그것들은 어떻게 작동하며, FXC를 시작하는 과정은 무엇인가?

다음 이미지에 묘사된 것처럼 FXC는 종종 신앙적 과정을 따른다.[20]

〈기도, 지속적인 경청, 더 넓은 차원의 교회와의 관계에 의해 뒷받침되는 과정〉

| 경청 → 사랑과 섬김 → 공동체 구축 → 제자도 탐구 → 교회 형성 → 반복적 실천 |

단계마다 하나님 나라를 위한 가치가 있지만, 새로운 표현을 시작하는 데에는 일반적인 패턴이 있다.[21]

---

19 킹스트리트교회에 대해 더 알고 싶으면 http://asburyseminary.edu/voices/luke-edwards에서 루크 에드워즈의 음성을 들어보라.
20 이 이미지는 http://community.sharetheguide.org/guide/develop/journey로 부터 가져왔다.
21 나는 이 여섯 가지 포인트들을 다음과 같은 '교회의 새로운 표현들' 사이트에서 인용했다. http://community.sharetheguide.org/guide/develop/journey. 또한, 트레비스 콜린슨의 책 Fresh Expressions of Church를 보라 (주상락, 이삼열 역, 『교회 새로운 표현들』, 101. 전자책 참조).

1) 경청(Listening)

상황화와 적응이 FXC의 핵심이기 때문에 리더십을 가진 사람들은 하나님의 말씀을 듣고 그들이 섬기도록 부름을 받은 사람들의 말을 경청하는 것으로 시작해야 한다.

'미국의 새로운 표현을 위한 선교적 발전'(Missional Advancement for Fresh Expressions US)의 책임자인 트래비스 콜린스(Travis Collins) 박사는 "하나님의 뜻을 분별하는 것이야말로 교회의 새로운 표현의 열쇠"라고 알려 준다.[22] 이것은 FXC를 시작하는 사람들을 위한 분별과 기도를 포함한다. FXC를 시작할 때 하나님의 음성을 듣고 기도로 그분의 인도를 구하는 것이 중요하다. 그분은 고요하고 작은 목소리로, 또는 지역사회의 필요와 그곳에서 살아가는 사람들을 통해 말할 수 있다. 이것은 종종 사람들의 삶에 참여하는 것, 참여 관찰, 비공식 인터뷰, 그리고 포커스 그룹 등과 같은 연구 방법을 통해 학습하는 것을 포함한다.

많은 사람이 기도를 대화가 아닌 독백으로 간주한다. 그러나 FXC를 시작하는 데 충실하기 위해 우리는, 단순히 하나님께 말하는 것에만 집중해서는 안 된다. 우리는 행하던 것을 멈추고 그분의 말씀을 들어야 한다. 인내와 듣는 능력이 절대적으로 중요하다.

2) 사랑과 섬김(Loving and Serving)

FXC는 리더들이 주변 사람들을 사랑하고 공감하는 방법으로 섬길 때 탄생한다. 마이클 모이나는 새로운 표현들이 "예배를 우선"(worship first)하기보다는 "먼저 섬김"(serving first)에서 시작하도록 권장한다.[23]

---

22 Collins, *Fresh Expressions of Church*, 54.
23 Moynagh, *Church for Every Context*, 205-10. 많은 교회 개척자가 "개척 일", 예배를 통해 교회를 시작하지만, FXC는 종종 먼저 공동체를 섬김으로 출발하고 이후에 예배에

FXC를 시작할 때 교회의 핵심은 사람들의 필요를 이해하고 다른 사람들을 섬길 방법을 찾는 데 있다. 주변 지역을 조사하고, 지역사회를 평가하고, 이웃과 그 가족들에 대해 알아 가는 것을 통해 시작된다. 주요 관심사와 공통 연결 지점을 파악하는 것은 이 과정에서 매우 중요하다.

3) 공동체 구축(Building Community)

주변 상황에 관한 정보를 수집한 후 신자 그룹들이 봉사 대상자들과 함께 공동체를 구축함에 따라 새로운 표현이 구체화할 수 있다. 교회는 건물이 아니라 하나님의 가족이자 그리스도의 몸이다. 제자는 성경적이고 그리스도 중심의 공동체를 통해 만들어진다.

사도행전에서 초대 교회의 삶은 공동체를 중심으로 이루어졌다.

> 그들이 사도의 가르침을 받아 서로 교제하고 떡을 떼며 오로지 기도하기를 힘쓰니라 (행 2:42).

FXC는 관계에 깊이 뿌리를 두고 있으며, 공동체와 교제를 중심으로 구축된다.

4) 제자도 탐구(Exploring Discipleship)

FXC는 또한 각 개인이 예수님의 제자가 되는 것을 탐구할 기회를 제공함으로써 사람들을 교회공동체와의 깊은 관계로 초대한다. FXC의 구성원들은 예수 그리스도의 제자이자 추종자로서 다른 사람들의 영적 성장과 발전에 중요한 역할을 할 수 있다.

초대한다.

캔터베리 교구에 속한 메이드스톤의 전 주교이자 FXC에서 대주교의 선교사이자 팀 리더인 그레이엄 크레이(Graham Cray)는 다음과 같이 선언한다.

> 전통적 방식을 그대로 따르든지 새로운 방식을 택하든지 간에, 교회가 드러내는 표현의 장기적 가치는 그 교회가 만들어 내는 제자들의 종류로 판단해야 한다.[24]

현대의 모델들이 수량을 중시하는 경향이 있는 것과는 달리, FXC는 단순히 숫자를 늘리는 데만 관심을 두지 않고 제자도를 통해 사람들을 성장시키는 데에도 관심을 둔다. FXC는 사람들이 중요한 질문을 하고, 대화를 나누고, 더 많은 지혜와 경험을 가진 다른 신자들로부터 배울 수 있게 해 준다.

5) 교회 형성(Church Taking Shape)

FXC는 어떤 모델을 가져오는 대신 기독교공동체가 믿음에 이른 사람들을 중심으로 형성되도록 한다. 이것은 교회 개척과 관련하여 중요한 사고의 변화를 보여 준다. FXC는 미리 정해진 모델로 시작하지 않으며, 위에서 아래로 지시하는 방식이 아니라 아래에서 위로, 곧 현장의 상황을 중시하는 방식으로 성장한다.

아우터뱅크스교회는 이런 일이 어떻게 일어나는지 보여 주는 좋은 예이다. 우리는 가정에서 모이는 5명으로 교회를 시작했고, 교회 이름도 없었지만, 지역 주민들에게 다가가기 시작하면서 그들과의 상호 작용을 통해 배웠고, 우리의 교회를 상황에 맞게 조정해 나갔다. 교회와 지역사회 간의

---

24 Archbishop's Council on Mission and Public Affairs, *Mission-Shaped Church*, ix.

이런 대화 과정을 통해 교회는 독특한 정체성을 형성하고 점차 모양을 갖춰나가기 시작했다.

6) 반복적 실천(Doing it Again)

FXC는 교회공동체에 속한 사람들이 더 많은 FXC를 시작하기 위해 비슷한 여정으로 다른 사람들을 이끌 수 있도록 준비시킴으로써 새로운 신자들이 '다시 그것을 실천하도록'(do it again) 장려한다. 목표는 하나의 새로운 표현을 시작하는 것이 아니라 도시 또는 지역사회 전체에 다수의 표현을 낳는 운동을 시작하는 것이다.

스티브 애디슨(Steve Addison)은 다음과 같이 말한다.

> 그것은 단지 하나의 새로운 교회에 관한 것이 아니다. 그것은 완전히 새로운 세대의 교회에 관한 것이다.[25]

이 운동은 성령의 인도를 통해 공동체를 증식하려는 비전으로 시작된다. 교회에 관한 이 운동의 혁명적 관점은 새로운 표현들이 21세기에 적합한 교회가 되는 새롭고도 흥미진진한, 상황화된 방식들을 지속해서 만들 수 있게 한다는 것이다.

---

25 Steve Addison, *Movements that Change the World: Five Keys to Spreading the Gospel* (Downers Grove, IL: IVP, 2011), 38.

4. 나가는 말

FXC는 다양한 환경에 존재하는, 새롭고도 상황화된 신앙공동체를 시작하는 효과적인 방법이다. 두 가지 조건이 새로운 표현을 특히 21세기 선교에 효과가 있도록 만든다.

첫째, FXC는 종종 평범하고 안수받지 않은 평신도들과 함께 시작된다. 평신도의 능력을 인정하기 때문에 나이, 배경, 국적, 인종 또는 성별과 관계없이 모든 사람이 봉사하고 참여할 수 있는 자리를 제공한다. 통계적으로, FXC는 여성, 어린이, 가족, 청년, 노인 등 일반인의 참여도가 더 높다. FXC는 모두를 위한 것이다!

둘째, FXC는 비용이 많이 들 필요가 없으며, 많은 창업 자금이 필요하지 않은 가정, 커피하우스 또는 기타 장소에서 시작할 수 있다. 그들은 종종 성직자 급여와 값비싼 건물에 대한 자금이 필요한 전통적인 교회 개척 모델과는 달리 아주 적은 자금으로 시작된다.

사실 많은 사람이 거의 또는 아무것도 없이 FXC를 시작할 수 있다. 많은 FXC가 전통적 교회 건물, 조직, 급여가 필요 없는, 제자를 만드는 독특한 방법을 찾고 있다. 마찬가지로 FXC는 값비싼 전통적인 교회 개척 모델들을 극복할 수 있는 저비용 대안이다.

이 두 가지 특징은 FXC의 장점을 보여 준다. 이 교회들은 성령에 의해 능력을 받고, 평범한 사람들을 통해 형성되고, 적은 자금이 들며, 하나님 나라의 영광을 위해 존재한다. 현장의 소리를 경청하면서도 복음의 능력을 붙잡음으로써 이 새로운 신앙공동체들은 전통교회가 결코 다가갈 수 없는 사람들에게 힘 있는 목소리로 말하고 영향을 미칠 수 있다.

FXC는 주님께서 21세기에 상황적으로 의미 있는 방식으로 사람들에게 다가가기 위해 사용하는 도구 중 하나다. 전부는 아니지만, 많은 FXC가

교회에 오지 않을 사람들을 복음에 연결하기 위한 수단으로 일터에서 시작한다. 교회 개척자는 사람들이 이미 모여 있는 기존 사업장에서 FXC를 시작하거나 사람들을 모을 목적으로 새로운 사업을 시작할 수 있다.

나중 선택지를 위해서는 좀 더 많은 생각과 계획이 필요한데, 이것에 관해서는 다음 장에서 다룰 것이다.

제10장

출발점: 일터에서 강력한 선교학

(W. 제이 문)

1. 서론

나는 일터로 들어가 일터교회 개척(ECP) 사업에 참여하고 싶어 하는 수많은 교회 개척자와 이야기를 나눴다. 이전 장들에서 소개한 사람들과 시간이 없어서 언급하지 않은 일터교회 개척자들의 수많은 사례는 나를 고무시키고 흥분시키기에 충분했다.[1]

이 마지막 장에서 나는 이런 방식의 교회 개척을 탐구하려고 하는 사람들에게 몇 가지 가능한 시작점을 제안하고자 한다.

튼튼한 일터교회를 개척하기 위해서는 강력한 선교학과 강력한 비즈니스 모델이 모두 필요하다. 전통적 교회 개척 방식에서 사업가는 선교 사역을 위해 재정을 지원하는 것 외에는 필수적 요소로 여겨지지 않았다.

여기에는 그들이 하는 비즈니스 활동의 진정한 가치는 그들의 이익을 '영적인 일'을 지원하기 위해 사용하는 데 있다는 무언의 메시지가 있었다. 훌륭한 일을 통해 얻은 이윤을 아낌없이 사용하는 것에 박수를 보내지만,

---

1 '교회의 새로운 표현들'(Fresh Expressions of Church)의 미국 디렉터는 커피숍, 술집, 카페, 운동 시설, 피자 가게 등과 같은 장소에 미국 전역에 100개 이상의 이런 교회들이 세워졌다고 언급했다. 켄터키주 루이빌의 소외된 지역에 일터교회를 심기 위한 접근 방식으로 연합감리교회 래리 포스(Larry Foss) 목사가 시작한 카페 더테이블(The Table)과 같은 이런 예를 더 언급할 시간이 있었으면 한다. 다음 사이트를 참조하시오. http://www.tablecafe.org/

내가 바라는 것은 사업가들이 이제 교회 개척 사역의 중요도를 나타내는 순위표에서 가장 중요한 위치에 있음을 자각하는 것이다. 요컨대, 당신이 하는 일은 하나님께 중요하다.[2]

그런데 당신이 선교적 소명을 실천하고자 할 때 그 기회는 일터와 상관없는 곳에서가 아니라 일터 안에서 발견할 가능성이 크다.

예수님은 제자가 되는 대가에 관해 말씀하실 때 이렇게 말씀하셨다.

> 너희 중의 누가 망대를 세우고자 할진대 자기의 가진 것이 준공하기까지에 족할는지 먼저 앉아 그 비용을 계산하지 아니하겠느냐 그렇게 아니하여 그 기초만 쌓고 능히 이루지 못하면 보는 자가 다 비웃어 이르되 이 사람이 공사를 시작하고 능히 이루지 못했다 하리라(눅 14:28-31).

비즈니스 관점에서 '비용을 계산'하기 위해 스탠퍼드의 벤처 자본가이자 기업가이면서 720개 사업에 자금을 지원한 샘 알트만(Sam Altman)은 기업가 정신(entrepreneurships)에 다음 네 가지 핵심 요소를 고려할 것을 권한다.

첫째, (필요를 해결하고 사람들이 비용을 지불하는) 좋은 아이디어
둘째, (사용자가 좋아하고 다른 사람들에게 말할 만큼) 좋은 제품과 서비스
셋째, (똑똑하고, 일을 잘하고, 잘 협력하는) 좋은 팀
넷째, (올바른 측정 기준과 이정표에서 탁월함을 보여 주는) 우수한 실행[3]

만약 일터교회 개척자들이 이런 주요 요소들을 이해하고 적용한다면 현명하게 '망대를 세우'는 데 도움이 될 것이다. 따라서 이 장에서는 알트만

---

2   목회적 관점에서 이에 대한 자세한 설명은 다음을 참조하시오. Tom Nelson, Work Matters: Connecting Sunday Worship to Monday Work (Wheaton, IL: Crossway, 2011).
3   https://www.youtube.com/watch?v=CBYhVcO4WgI 보라.

이 설명한 바와 같이, 기업가 정신의 틀 내에서 일터교회 개척에 필요한 기본 단계들을 논의할 것이다. 이 단계들은 'ABIDES'(Ask, Begin, Incubate, Develop, Excel, Sustain)라는 약어로 표현된다.

이 두문자어(頭文字語)는 가지와 같은 우리의 일터교회 개척 노력이 영양분을 공급하는 주님의 포도나무에 거하는 것(abiding)에 전적으로 의존한다는 점을 상기시켜 준다(요 15장). 이 접근 방식은 선교학적 토대를 구축하기 위해 앞 장에서 설명한 FXC의 과정을 기반으로 한다.

그런 다음 이를 비즈니스 모델 캔버스(Business Model Canvas: 비즈니스에 포함되어야 하는 아홉 가지 주요 사업 요소를 한눈에 볼 수 있도록 만든 그래픽 템플릿-역자주)와 통합하여 일터교회 개척을 위한 비즈니스 방식을 고안할 것이다.

마지막으로, 빠른 피드백 루프(feedback loop: 결과를 자동으로 재투입하는 궤환 회로-역자주)에서 축을 중심으로 회전하는 린 스타트업(Lean Startup: 단기간에 제품을 만들고 성과를 측정해 제품 개선에 반영하는 것을 반복하며 시장에서의 성공 확률을 높이는 경영 방법-역자주) 방식을 사용하여 간략하게 일터교회 개척 실행 계획을 제시할 것이다.

2. 주님께 분별력과 방향을 구하라

기도는 종종 위대한 시도의 출발점이다. 예수님은 주변의 잃어버린 사람들에 대한 연민을 느끼셨을 때, 제자들에게 주인께 추수할 일꾼들을 보내 주시기를 기도하라고 가르치셨다(마 9:36-38). 그리고 다음 구절 10:1에서 예수님은 사역을 위해 제자들을 준비시키고 그들을 파송하셨다.

이렇게 관찰, 부담감, 기도, 그리고 행동으로 이어지는 패턴은 사람이 사역하도록 하나님의 이끄심의 모델이다. 아덴에서 사도 바울은 우상 숭배와 불신앙을 보았을 때 안타까운 마음을 느꼈다. 그는 끊임없이 기도했다. 그리고 나서 그는 회당에서 복음을 전했을 뿐만 아니라 "장터에서는 날마다 만나는 사람과 변론했다"(행 17:17).

일반적으로 감사와(또는) 기도로 시작하는 사도 바울의 서신에서도 유사한 내용을 볼 수 있다. 종종 이런 기도에는 바울이 편지의 나머지 부분에서 발전시킨 중요한 아이디어가 포함되어 있다(예: 고전 1:4-9; 살전 3:11-13). 그것은 바울이 사람들을 위해 끊임없이 기도하고 있었기 때문에 편지에 그가 기도하고 있던 바로 그 주제에 관해 말했을 것으로 짐작하게 한다.

마찬가지로 일터교회 개척의 과정은 의도적이고 선교적인 노력으로 이끄는 기도의 준비를 포함한다. 이 기도는 사람들과 그들이 필요로 하는 것들에 관한 주의 깊은 관찰로 자극될 것이며(아래를 참조하라), 더 많은 것을 갈망하는 것과 주님의 뜻을 경청하는 두 가지 모두를 포함한다.

성령의 인도하심과 마음에 솟아오르는 열망에 주의를 기울이는 것이 중요하다. 그런 다음에 선교 사역을 시작할 준비를 하라.

3. 좋은 아이디어로 시작하라

알트만은 다음과 같이 단언한다.

> 최고의 아이디어는 임무 지향적(mission-oriented)이다. ⋯ 스타트업이 정말 중요하다고 생각하지 않는 한 스타트업의 고통을 극복할 방법이 없다.[4]

FXC의 방식은 임무 지향적인 비즈니스 아이디어에 유용한 출발점을 제공한다. FXC의 첫 번째 단계는 지역사회의 소리를 경청하는 것이다.

경청은 종종 민족지학적 연구 방법(ethnographic research methods)을 통해 사람들을 참여시키는 데 시간을 할애해야 한다는 것을 의미한다. 참여 관

---

4 Ibid., 참조.

찰(participant-observation)은 잠재적 교회 개척자가 사람들이 자신의 진정한 필요, 욕구, 열망, 그리고 꿈을 표현할 수 있도록 충분히 오랫동안 그리고 깊이 있게 사람들과 함께하는 연구 방법이다.

필요를 파악하고, 더불어 해당 지역사회에서 발견할 수 있는 자산을 찾아라. 이것은 해결해야 할 상처뿐만 아니라 기반이 될 수 있는 그들의 강점에 대한 지표를 제공한다. 이렇게 참여 관찰한 것들을 기록하면 청취 과정에서 연구 데이터를 얻을 수 있다.

조사 연구자들은 종종 그들에게 더 깊은 통찰력을 주기 위해 정보 제공자들을 이용한다. 좋은 정보 제공자의 특징은 다음과 같다.

- 자신의 상황을 잘 알고 있다(즉 그는 오래된 거주자이거나 새로 이사 온 사람이다).
- 현재 상황에 관여하고 있다.
- 사교적이며 말하기를 좋아한다.
- 당신을 위해 시간을 낼 수 있다.
- 근처에 살고 있다.
- 지나치게 분석적이지 않다(자신이 알고 있는 것을 말해 줄 뿐이다).

정보 제공자와의 비공식적 인터뷰에는 조사원이 정보 제공자를 돕기 위해 새로운 요소를 천천히 도입하는 일련의 친근한 대화가 포함된다. 사실상 이것은 단순히 인터뷰하는 것이 아니라 실제로 관계를 구축하는 것이다. 얼마 후 이 정보 제공자는 다른 사람들과 함께 포커스 그룹(focus group)으로 그룹화될 수 있다.

소규모 포커스 그룹(6-12명)은 더 큰 상황을 나타내며, 초기의 참여 관찰을 기반으로 작성한 질문들에 유용한 답변을 제공할 수 있다. 점차로 이 조사 연구는 서비스를 통해 사랑을 표현하는 비즈니스에 대한 좋은 아이디어로 이어져야 한다.

4. 좋은 제품 또는 서비스를 배양하라

FXC 방식의 다음 논리적 단계는 당신이 경청하고 있는 사람들을 사랑하고 그들에게 서비스를 제공할 기회를 찾는 것이다. 소규모로 사랑하고 봉사하기 시작하면 하나님은 더 큰 기회를 보여 주실 것이다. 이것은 또한 당신의 비즈니스 기반이 될 좋은 제품이나 서비스를 배양할 것이다.

그러나 이 일이 선교적 목적을 갖고 있음을 명심하라. 그것은 단순히 이윤을 창출하는 비즈니스가 아니라 하나님의 부르심에 의해 수행되는 일이어야 한다. 서비스를 제공하는 일이 더 넓은 네트워크 사람들과의 일상적 대화를 제공하기 때문에, 종종 일터교회 개척자들은 그 봉사로 인해 사람들로부터 좋은 관심을 얻는다.

당신이 생각하는 제품 또는 서비스는 하나님과 다른 사람들에 대한 당신의 사랑을 표현하는 것이어야 하며, 일단 그것을 구체화할 좋은 아이디어를 발견했다면, 이것을 비즈니스 모델로 발전시키는 것이 다음 단계가 된다.

알렉산더 오스터왈더(Alexander Osterwalder)와 이브 피뉴르(Yves Pigneur)는 "비즈니스 모델은 조직이 가치를 창출, 제공 및 포착하는 방법에 대한 근거를 설명한다"고 말한다.[5] 그들은 "비즈니스 모델을 설계하거나 재창조하고자 하는 비전가, 게임 체인저 및 도전자들에게 실용적인 가이드"를 제공하기 위해 '비즈니스 모델 캔버스'라는 방식을 개발했다.[6]

이 방식에는 비즈니스 모델 개발을 위한 빌딩 블록(building blocks, 아이들이 무언가를 만드는 데 사용하는 나무 또는 플라스틱 조각-역자주) 역할을 하는 아홉 가지 구성 요소가 있다. 이 아홉 가지 요소는 종이 위에 배치되어 그들

5　Alexander Osterwalder and Yves Pigneur, *Business Model Generation: A Handbook for Visionaries, Game Changers, and Challengers* (Hoboken, NJ: John Wiley & Sons, 2010), 14.
6　Ibid., 5 참조.

사이의 논리적 연결을 보여 준다.[7]

www.strategyzer.com과 같은 사이트에서는 이 아홉 가지 요소에 대한 설명을 제공하고 있으며, 당신은 당신의 교회 개척 팀과 함께 비즈니스 모델을 배치하는 과정을 시작하는 데 도움을 주는 자료를 다운로드 받을 수 있다.[8] 아홉 가지 요소는 다음과 같다.

(1) 가치 제안(value proposition)
당신은 고객을 위해 어떤 요구 사항들을 해결할 수 있는가?
이것은 당신이 위에서 설명한 새로운 표현들 방식의 처음 두 단계를 기반으로 연구하여 개발한 것이다.

(2) 고객 분류(customer segments)
이 요구 사항을 해결하기 위해 비용을 지불할 사람들은 누구이며, 그들은 어디에 있는가?
그들은 왜 이것을 살까?

(3) 채널(channels)
고객들에게 제품을 배포하거나 서비스를 제공하는 일을 어떻게 할 것인가?

(4) 고객 관계(customer relationships)
고객을 확보, 유지 및 성장시키는 방법은 무엇인가?
선교적 관점에서 "다른 사람들을 잘 섬김으로써 계속 사랑을 나타내는 방법은 무엇인가"라고 질문하라.

---

[7] 빠른 설명을 보려면 다음을 참조하시오.
https://www.youtube.com/watch?v=IP0cUBWTgpY.

[8] 비즈니스 모델 캔버스 사본을 다운 로드하고 비즈니스 시작을 위한 추가 자료에 접근하려면 다음 사이트를 확인하라. https://strategyzer.com/canvas

(5) 수익 흐름(revenue streams)

당신의 비즈니스는 분류된 각 고객 집단에서 어떻게 수익을 창출하는가?

(6) 주요 자원(key resources)

이 회사를 운영하는 데 필요한 자산은 무엇인가?

물리적 장비, 인적 자원, 소프트웨어, 사회적 네트워크, 영적 신뢰성 등을 생각하라.

(7) 파트너(partners)

주요 파트너와 공급업자는 누구이며, 그들은 언제 무엇을 수행해야 하는가?

(8) 주요 활동(key activities)

이 비즈니스를 위해 해야 하는 가장 중요한 활동은 무엇인가?

(9) 비용 구조(cost structure)

이 제품을 만들거나 서비스를 제공하는 데 어느 정도의 비용과 경비가 지출되는가?

고정비와 변동비, 손익분기점, 그리고 투자 수익률을 고려하라.

이 아홉 가지 항목은 실행 가능하고 임무에 초점을 맞춘 비즈니스를 보장하지는 않지만, 순조로운 진행을 위해 고려해야 할 중요한 영역들을 알려 준다. 비즈니스 모델 캔버스를 작성하기 시작하면, 필요한 각 항목에 대한 모든 기술이나 능력이 없다는 것을 금방 깨닫게 될 것이다. 그러므로 필요한 기술과 재능을 가진 훌륭한 팀을 발굴하는 일이 중요하다.

5. 좋은 팀을 발굴하라

나는 숙련된 기술을 가진 사람들과 함께할 필요성을 인정하지 않는 일터교회 개척자를 아직 만나보지 못했다. 그들에게는 회계, 재무, 조직 계획, 그리고 세금 등에 능숙한 사람들이 필요하다. 이런 기술을 가진 팀을 모집하지 않으면 혼자서 너무 많은 일을 감당해야 하는 까닭에 곧 쉽게 지치고 말 것이다.

이것은 교회에서 이런 기술과 은사를 가진 사람들에게 일터교회 개척에 참여할 수 있는 선교적 기회를 제공하는 좋은 기회가 된다. 아마도 이 기회는 이 사업가들이 하나님의 선교(missio Dei)에 필수적 존재임을 증명하는 첫 기회가 될 것이다.

위의 비즈니스 기술 외에도 일터교회 개척자는 말, 행동, 그리고 생활양식으로 복음을 전파하는 방법을 아는 팀을 구성해야 한다. 전도는 20세기 초보다 21세기에 더 복잡해졌지만, 이전 세대에 없었던 전도의 새로운 기회가 생겨나고 있다. 세속주의, 다원주의, 개인주의, 상대주의, 정체성 변화, 그리고 기술과 같은 문제를 다루는 것은 일터교회 개척자에게 매우 중요한 일이 아닐 수 없다. 이런 각각의 복잡성은 전도를 위한 기회를 제공한다.[9]

6. 탁월하게 실행하라

에릭 리에스(Eric Ries)는 기업가가 사업을 시작하고 실행할 때 이를 방해하는 세 가지 제한이 있는 경우가 많다는 사실을 발견했다.[10]

---

[9] 이런 문제를 이해하고 해결하려면 다음 비디오 향상 i-Book을 참조하라. W. Jay Moon, Timothy Robbins, Irene Kabete, eds. *Practical Evangelism for the 21st Century: Complexities and Opportunities* (Nicholasville, KY: DOPS, 2017).

[10] Eric Ries, *The Lean Startup: How Today's Entrepreneurs Use Continuous Innovation to Cre-*

아래의 〈그림 3〉[11]과 같이 세 가지 장애는 다음과 같다.

첫째, 불완전한 사업 계획

일터교회 개척자 중에는 벤처 자본가들이 찾고 있는, 우려 사항을 고려한 사업 계획을 뚜렷하게 제시해 본 경험이 있는 사람이 거의 없다. 지금까지 이 과정을 지원하기 위해 많은 자료가 제시되었지만, 이것은 여전히 벅찬 작업일 수 있다.[12]

둘째, 테스트되지 않은 시장 수요

제안된 비즈니스에 관한 가장 큰 불확실성 중 하나는 "사람들이 이 제품이나 서비스를 구매하겠는가"에 대한 문제다. 현재 당신은 아직 비즈니스를 완전히 시도하지 않았기 때문에 이 질문에 충분히 답하기 어렵다.

셋째, 부족한 자금

당신이 제공하고 싶은 모든 서비스로 완전한 사업을 시작하려면 많은 자금이 필요할 것이다. 또한, 일부 단체에서는 일반적으로 '매력적인' 교회 개척을 위해 처음 3년 동안 운영할 수 있는, 30만 달러에서 50만 달러의 자금을 확보하도록 권장한다.[13] 그러나 이런 큰 금액을 마련하는 것은 어려운 일이다. 특히, 교회를 개척한 뒤 3년 동안 이 자금을 다 쓰고도 생존할 수 있다는 보장이 없다는 점을 고려한다면 더욱 그렇다.

---

ate Radically Successful Businesses (New York: Crown Business, 2011).

11 이 그래픽은 그래픽 소프트웨어 회사 'Smartdraw'가 2017년 작성자에게 보낸 이메일에서 개발했다.

12 애즈베리신학교(Asbury Theological Seminary)는 일터교회 개척자들을 도울 수 있는 사회적 기업가의 비즈니스 개발을 지원하기 위해 리소스를 개발했다; Robert A. Danielson, ed. Social Entrepreneur: The Business of Changing the World (Franklin, TN: Seedbed Publishing, 2015). 주상락 역, 『기독교 사회적 기업가: 변화하는 일상에서의 선교적 비즈니스』(서울: 플랜터스, 2022)을 보라.

13 2017년 봄에 있었던 the Exponential East '교회 개척 세미나'에서 다룬 잠재적 교회 개척자들을 위한 도움에 관한 내용을 인용했다.

〈그림 3〉 린 스타트업 방식에 의한 스타트업 장애와 대응 방안

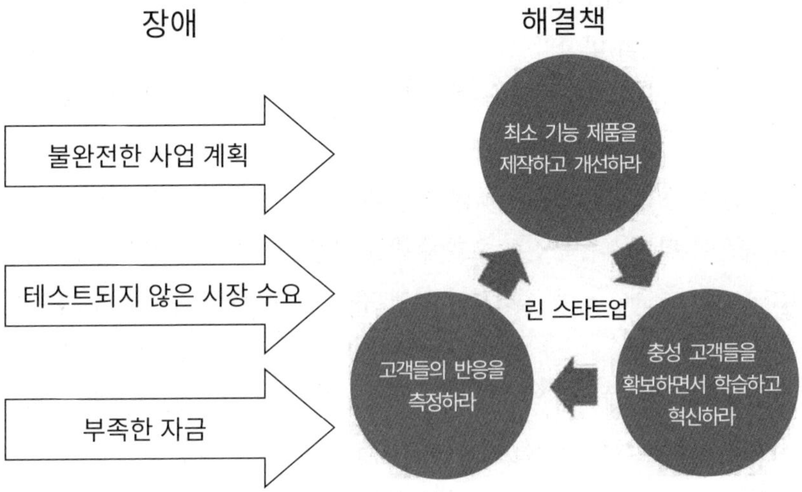

장애
- 불완전한 사업 계획
- 테스트되지 않은 시장 수요
- 부족한 자금

해결책
- 최소 기능 제품을 제작하고 개선하라
- 고객들의 반응을 측정하라
- 충성 고객들을 확보하면서 학습하고 혁신하라

린 스타트업

 이런 장애를 극복하기 위해 리에스는 비즈니스를 시작할 때 당신이 원하는 방식으로 모든 서비스와 제품을 내놓으려고 하지 말라고 조언한다. 대신 당신의 비즈니스에서 제공하는 것을 보여 줄 수 있는 최소 기능 제품(Minimum Viable Product: MVP, 시장의 반응을 빠르게 살피고 반영하기 위해 만든 최소 요건의 시제품-역자주)을 제공하라. 이것은 사람들이 경험할 수 있는 제품이나 서비스를 얻기 위해 적은 금액을 투자한다는 것을 의미한다.
 초기의 가치는 당신이 벌어들이는 수익이 아니다. 오히려 리에스는 당신의 검증된 학습에 기초하여 초기에 성공 가능성을 측정할 것을 권장한다. 다시 말해서, 고객들이 당신의 비즈니스를 경험하게 한 뒤 당신에게 피드백을 통해 그들이 원하는 바를 말하게 하라는 것이다.
 이와 같은 고객들의 반응은 비즈니스를 혁신하고 수정하는 데 도움이 되는 귀중한 정보를 제공한다. 동시에 당신은 고객들이 원하는 바를 가르쳐 주는 핵심 고객 그룹을 구축해야 하며, 그럴 때 고객들은 자신들의 요구 사항에 대한 당신의 대응력을 높이 평가할 것이다. 이를 통해 충성도

높은 고객 기반이 형성되고 비즈니스와 관련된 공동체가 형성된다. 이는 '공동체 구축'이라고 하는, FXC 방식의 세 번째 단계와 유사하다.

피드백 루프의 마지막 부분은 이 정보를 가져와 MVP를 수정하거나 개선하는 것이다. 그런 다음에 피드백 룩(feedback look)을 통해 그것을 다시 보내라.

이런 수준의 실행에는 고객의 요구와 관심에 대한 세심한 주의와 신속한 대응이 필요하다. 당신은 고객에 대한 이런 서비스가 하나님께서 대명령(Great Commandments)을 성취하기 위해 주신 좋은 방법이라는 것을 알게 될 것이다.

다시 말해서, 당신의 비즈니스는 이제 다른 사람들의 필요를 더 잘 충족시켜 줌으로써 다른 사람들을 향한 사랑을 보여 주는 것이고, 다른 사람에게 탁월하게 봉사할 수 있도록 하나님께서 주신 은사와 능력을 사용함으로써 하나님에 대한 당신의 사랑을 보여 주는 것임을 알게 될 것이다.[14]

7. 측정 항목을 도입하여 지속성을 확보하라

일터교회 개척자에게는 메트릭스(metrics: 업무 수행 결과를 보여 주는 계량적 분석-역자주)라는 주제가 매우 중요하다. "측정되는 것은 이루어진다"라는 말은 익히 알려진 격언이다.[15] 다시 말해서, 당신이 주목하는 측정 지표는 당신의 에너지 배분에 영향을 미칠 것이다. 어떤 비즈니스든지 간에 재무 측정 지표를 살펴봐야 한다. 이익이 없으면 사업은 결국 문을 닫게 될 것

---

14 마태복음 25장과 마틴 루터에서 끌어낸 이 요점은 Gene Edward Veith, Jr.의 다음 책에서 볼 수 있다. *God at Work: Your Christian Vocation in All of Life* (Wheaton, IL: Crossway, 2002).
15 보다 선교적인 교회 지표 전환에 대한 추가 설명은 다음을 참조하라. Reggie McNeal, *Missional Renaissance: Changing the Scorecard for the Church, Jossey-Bass Leadership Network Series* (San Francisco: Jossey Bass, 2009).

이고 누구에게도 서비스를 제공하지 않을 것이다.

존 웨슬리(John Wesley)는 지혜롭게 기독교 기업가들이 가능한 한 많은 이익을 얻고 이익을(낭비하지 말고) 가능한 한 많이 저축하도록 장려했다. 이것들은 비즈니스에 필요한 조건이지만, 일터교회 개척에는 충분하지 않다. 또한, 일터교회 개척자는 반드시 다른 두 가지 측정 지표 곧 사회적 자본(social capital)과 영적 자본(spiritual capital)을 통해 성공 여부를 측정해야 한다.

사회적 자본은 다양한 방법으로 측정할 수 있다. 요점은 이것이 금융 자본(financial capital) 수치가 보고되는 것처럼 정기적으로 보고되어야 한다는 것이다. 예를 들어, 일터교회 개척자는 다음 항목들을 측정할 수 있다.

- 변화되고 있는 삶의 이야기
- 일터교회 개척이 연결되어 있는 네트워크들(바울과 그 당시 길드들을 참조하라)
- 해당 비즈니스는 근로자들과 지역사회의 (신체적, 정서적) 건강과 복지에 얼마나 긍정적 영향을 끼치는가?

사회적 자본 외에도 일터교회 개척자는 영적 자본을 측정해서 보고해야 한다. 교회 개척자는 종종 개종자 수, 세례자 수, 그리고 소그룹 수 등과 같은 정량적 데이터로 이를 측정할 수 있다. 정량적 측정 외에도 일터교회 개척자는 다음과 같은 질적 데이터를 제공할 수 있다.

- 해당 비즈니스가 지역사회에서 얼마나 관대하게 실행되고 있는가?(가능한 모든 것을 주라는 존 웨슬리의 격려를 참조하라)
- 일터교회 개척 내부와 주변에서 찾을 수 있는 하나님 나라의 표징들
- 교회에 전혀 관심이 없는 사람들(unchurched), 또는 가나안 교인들(de-churched)과 함께 시작한 영적 대화

- 예수, 세례, 그리고 기도 등에 관해 점점 더 많은 질문을 하고, 질문의 질 또한 좋아지는 것과 같은 내적 변화의 외적 증거, 곧 비즈니스와 팀에서 부여되는 책임의 양

이런 측정 지표들에 주의를 기울이는 사람은 단순히 이익에만 초점을 맞춘 비즈니스를 구축하지 않고 제자도 탐구(FXC 방식의 4단계)에 초점을 맞춘다.

8. 나가는 말

이 책의 마지막 장 제목을 '결론'이라고 이름 붙인 것은 부적절한 것 같다. 논의를 마치고 일터교회 개척에 대한 꿈을 꾸기에는 아직 이르며, 오히려 이제 막 시작한 것에 불과하다고 생각한다. 여기에서 미래에 대한 나의 비전에 관해 간단히 설명하고자 한다.

내가 관심을 가지는 세대는 매일 일터의 삶과는 분리되어 주일에만 기독교적 경험을 하는 것에 만족하지 않는 세대이다.

이 세대는 마침내 깨어나고 있으며, 그들의 일이 실제로 하나님께 중요한 것이라고 여긴다.

이 세대는 시장 광장에서 자신의 목소리를 내지 않고 단순히 사적 가정과 예배당에서만 말하는 것에 만족하지 않는다.

이 세대는 교회 건물이 매일 하나님 나라의 능력을 드러내는 데 활용될 수 있는데도 일주일 내내 비어 있는 것에 불만을 표한다.

이 세대는 유럽에서 만연한 세속화가 북미에서도 불가피하게 나타날 것이라고 말한다.

이 세대는 마침내 대부분의 그리스도인이 일상에서 일하시는 하나님의 선교에 순종함으로써 선교적 소명을 완수할 수 있음을 깨닫고 그들이 그

렇게 할 수 있도록 준비할 것이다.

만일 이런 내용이 당신의 생각을 자극하여 일터교회 개척을 탐구하고자 한다면, 우리는 당신이 더 많은 꿈을 꾸도록 환영한다. 나는 당신이 일터에서 교회를 개척해야 할 필요성을 탐구하고, 행동하고, 배우고, 반응하기를 바란다.

이 과정을 장려하기 위해 애즈베리신학교(Asbury Theological Seminary: ATS)는 당신에게 효과적인 교회 개척을 위한 여섯 가지 핵심 모듈을 제공할 '교회개척연구소'(Church Planting Institute)를 설립했다. 또한, '애즈베리 교회 개척자 재교육'(Asbury Church Planting Fellows) 프로그램은 제한된 수의 교회 개척자들에게 보수교육과 지원(재정적 지원 포함)을 제공한다.[16]

애즈베리신학교의 바람은 이 책의 이론적 토대가 일터에서 교회를 개척하는 우리 세대의 여러 사역자를 연결하기에 충분할 만큼 튼튼한 성경적, 그리고 신학적 지원을 제공하는 것이다. 또한, 과거로부터 이 시대에 이르기까지 나타난 실제 사례들이 우리를 선교로 부르시는 하나님께 믿음으로 나아가게 만드는 계기가 되기를 바란다.

나는 이것이 궁극적으로 성령의 역사가 될 것임을 알고 있다. 존 웨슬리처럼, 나는 우리가 꿈꾸는 위대한 미래가 여전히 현실의 교회보다 앞서가고 있다고 생각한다. 왜냐하면, 우리는 "…오직 죄만 두려워하고 하나님만 바라며, 그들이 성직자이든 평신도이든 상관없이, 지옥의 문을 흔들고 지상에 천국을 세울" 그런 교회 개척자들을 무장시키기 때문이다.[17]

이것이야말로 일상에서 혁신적인 삶을 사는 일터교회 개척자들을 가장 잘 설명하는 말일 것이다.

16　자세히 알아보려면 다음을 방문하시오. https://asburychurchplanting.com/fellowship/
17　Luke Tyerman에 의하면, 87세의 존 웨슬리(John Wesley)는 알렉산터 마덜(Alexander Mather)에게 이것을 썼다. *The Life and Times of the Rev. John Wesley*, 2nd. ed. 3 vols. (London: Hodder and Stoughton, 1871), III:632.

✼ CLC 추천 도서 ✼

래디컬 미션

정한길 지음 | 신국판 | 348면

현대 선교의 중요한 이슈들을 소개하고 무엇이 성경적이고 총체적인 선교인지를 다양한 사례를 통해 제시한다. 창의적 접근 지역에서의 비즈니스 선교, 선교 파송지나 사역자와 사역의 경계를 허물 것, 성육신적 선교 등 현대 선교의 특징과 진일보를 부각하며 총체적 선교를 도전한다.

도시 속의 목회와 선교

(신학박사 논문 시리즈 31)

송영만 지음 | 신국판 양장 | 312면

도시화된 현대 사회 구조 속에서 교회가 어떤 방식으로 도시를 복음화시킬 수 있는지에 대한 논의를 하는 책이다. 도시선교를 위한 다양한 이론적 논의를 한 후 도시의 특성들과 그 특성에 대한 맞춤식 선교와 목회전략을 제시한다.